ANTI-VAX-MYTHEN ZERSCHMETTERN!

EINE URKOMISCHE SATIRE ÜBER LOCKDOWNS, EXPERTEN & DEN COVID-WAHNSINN

PROF. OISÍN MACAMADÁIN

THE TERMONFECKIN INSTITUTE OF EXPERTISE

Erstveröffentlichung im Jahr 2025.

Formatiert mit Vellum

Für Dr. B.

INHALT

ÜBERWÄLTIGENDES LOB FÜR PROF. OISÍN MACAMADÁIN!

„Endlich! Ein Buch, das die Impfgegner wirklich auf die Palme bringt. *Je l'adore!*"

Präsident Macaroni

„Und Prof. MacAmadáin war nie ein Young Global Leader des WEF? Kaum zu glauben – endlich jemand, der es wirklich *kapiert*."

Santa Klaus

„Moment, komme ich in diesem Buch vor? Ich muss erst sicherstellen, dass die Frisur sitzt."

Präsident Trudy-Wudy

„Puh – für einen Moment wurde es beunruhigend ... Gott sei Dank gibt es Oisín."

CEO von Pfizzle

„Die Crème de la Crème der irischen Gesellschaft wurde in den letzten zwei Jahren beinahe täglich in den Seiten der *Oirish Times* mit der Weisheit meines Kollegen Oisín verwöhnt. Dass er seine Gedanken nun auch noch in einem Buch bündelt, ist schlicht das Tüpfelchen auf dem i. Wir Iren sind wirklich die Besten in allem – und unser pandemischer Umgang beweist das eindrucksvoll. Oisíns Buch fasst diese Wahrheit wunderbar zusammen."

Gubnet O'Foole, Auslandskorrespondentin der *Oirish Times*

„Extrem klug, gelehrt, brillant. Ein wahrer Polymath ... der Experte aller Experten. Was würden wir nur ohne ihn tun?"

Der Autor

VORWORT VON DR. ANTHONY FAUCET

Ich werde nie vergessen, wie ich Prof. Oisín MacAmadáin zum ersten Mal traf. Nicht nur bezauberte mich sein entzückender irischer Akzent sofort, ich wusste auch auf der Stelle, dass dies ein Mann war, dessen Expertise ich eines Tages dringend brauchen würde.

Ich muss jedoch zugeben, dass ich unsicher war, als ich eine Einladung zur Eröffnung des *Termonfeckin Institute of Expertise* (T.I.E.) erhielt. Zu meiner Schande hatte ich noch nie von der geschäftigen irischen Metropole Termonfeckin im wunderschönen Co. Louth gehört. Doch als ich mehr über die Vision las, die Prof. Oisín MacAmadáin für diesen Ort hatte, war mir klar: Diesen Mann *musste* ich treffen.

Das *Termonfeckin Institute of Expertise* ist – im wahrsten Sinne – herausragend auf seinem eigenen Gebiet. Und *was* für ein Gebiet das ist. Die herrlichen Ausblicke auf den Fluss Boyne in der Ferne, die Rinder, die direkt gegenüber Hahnenfuß weiden – eine förderlichere Lernumgebung kann man sich wirklich nicht wünschen. Wenn man seiner Website glauben darf (und ich sehe keinerlei Grund, warum nicht), hat sich das T.I.E. in kürzester Zeit zu einem der führenden Bildungsinstitute der Welt entwickelt. Umso bemerkenswerter ist dies, weil es nur eine einzige Fakultät hat. Ja, Sie haben richtig vermutet: Prof. Oisín MacAmadáin selbst – Probst, Abteilungsleiter und Dozent in Personalunion. Eine wahre Dreifaltigkeit der Weisheit, wenn es je eine gab.

Und sein Fachgebiet ist schlicht: **Expertise**. Was auch immer er anpackt, er erfasst es auf eine Weise, wie es kein anderer Mensch vermag. Er wäre viel zu bescheiden, um es selbst zuzugeben, aber der Mann ist eindeutig ein absolutes Genie.

Als die Welt dann von der größten Bedrohung ihrer Geschichte getroffen wurde – Covid-19 –, wusste ich sofort, wen ich anrufen musste. Wenig überraschend war Oisín ganz sein zuvorkommendes Selbst. Er versprach, allem, was mit dem Virus zu tun hatte, auf den Grund zu gehen und all seine Erkenntnisse mit mir zu teilen (obwohl ich ihm sagte, er solle sich nicht allzu sehr damit belasten, ob es von einer Fledermaus oder einer Katze oder einem Schuppentier oder – Sie wissen schon – einem Labor stammte; diesen Teil würden wir selbst untersuchen).

Ich war so beeindruckt von allem, was er mir berichtete, dass ich ihn umgehend zum Sonderberater der Taskforce der US-Regierung zur Überwachung der Pandemie ernannte. Ich denke, wenn Sie dieses Buch lesen, wird Ihnen schnell klar werden, wie Oisíns scharfes Denken die Reaktion in den USA – und letztlich in weiten Teilen der Welt – geprägt hat. Wahrlich, wir haben vielen Experten zu danken, aber niemandem mehr als Prof. MacAmadáin. Hut ab vor Ihnen!

Doch dieses besondere Buch konzentriert sich nicht primär auf die hervorragenden Anti-Covid-Maßnahmen, die Persönlichkeiten wie Prof. MacAmadáin für uns alle entwickelt haben. Vielmehr erweist er uns den großen Dienst, die gefährlichen Anti-Impf-Mythen zu entkräften, die so heimtückisch online kursieren. Lesen Sie es Ihren Freunden vor, lesen Sie es Ihren Liebsten vor – und lesen Sie es sich selbst vor, während Sie im Wartezimmer für Ihre 7. Auffrischungsimpfung sitzen. Dieses Buch ist ein Vergnügen: Ich kann es Ihnen wirklich wärmstens empfehlen.

Mit freundlichen Grüßen

Dr. Anthony Faucet

EINFÜHRUNG

Mein Name ist Prof. Oisín MacAmadáin, und ich bin ein Experte.

Ich habe dieses Buch verfasst, um den offenkundigen Unwahrheiten entgegenzutreten, die Verschwörungstheoretiker überall über die größte Krise verbreiten, der unsere Welt je ausgesetzt war.

Diese Fehlinformationen stammen aus der Feder von Extremisten unter uns. Verbreitet werden sie vor allem von Verschwörungstheoretikern, rechtsextremen Aktivisten, Aktivisten, die noch weiter rechts stehen als jene Aktivisten, und Aktivisten, die so extrem rechts sind, dass sie selbst im Schlaf im Gleichschritt marschieren. Diese Leute behaupten, Ideale wie Demokratie, Meinungsfreiheit und offene wissenschaftliche Debatte zu schätzen. Nun ja, Hitler sagte auch, dass ihm solche Dinge wichtig seien. Oder zumindest glaube ich das. Im Unterricht habe ich damals nicht wirklich aufgepasst, aber der Punkt ist: Diese Menschen sind gefährlich und MÜSSEN zum Schweigen gebracht werden. Darin sind wir uns doch sicher alle einig.

Deshalb habe ich dieses Buch geschrieben. Ich habe

meine langjährige Expertise und all die kritischen Denkfähigkeiten, die ich in meiner langen und unglaublich angesehenen Karriere entwickelt habe, eingesetzt und wasserdichte Argumente gegen jene abwegigen Behauptungen formuliert, die Covid-Leugner so gern vorbringen. Mein Ziel ist es, Ihnen zu helfen, diese Verrückten ein für alle Mal mundtot zu machen. Dann können wir alle wieder SICHER BLEIBEN, jeden impfen (Menschen wie Nicht-Menschen), alle WIEDER impfen (tatsächlich viele Male) und unsere Anstrengungen verdoppeln, diese schreckliche Krankheit FÜR IMMER auszumerzen.

Um jemanden zu paraphrasieren, der zweifellos auf der richtigen Seite dieses Kampfes gestanden hätte – denn er würde erkennen, dass diese Krise weitaus schlimmer ist als jene, mit der er konfrontiert war, und Gott verzeihe mir, aber ich kann nicht glauben, dass ich hier einen Briten als Beispiel heranziehe, doch sei's drum:

„Wir werden bis zum Ende gehen; wir werden dieses Virus bekämpfen, wo immer es sich aufhält und in all seinen tausend Varianten, jetzt und in den kommenden Jahrhunderten. Wir werden es auf den Meeren und Ozeanen bekämpfen (denn man weiß nie, wo es als Nächstes auftauchen könnte). Wir werden es mit wachsendem Vertrauen in der Luft bekämpfen (oder vielleicht einfach den gesamten Flugverkehr einstellen – außer für die sehr Reichen und für Politiker natürlich, aber sie müssen Masken tragen, zumindest wenn sie fotografiert werden). Wir werden unsere Insel verteidigen, koste es, was es wolle. Wir werden es an den Stränden bekämpfen (nun ja, niemand darf an den Strand, es sei denn, er liegt innerhalb von fünf Kilometern von der eigenen Wohnung entfernt). Wir werden es auf den Feldern bekämpfen (aber nur während der täglichen Bewegung, nicht zu anderen Zeiten) und auf den Straßen (was, um Himmels willen, würden Sie überhaupt auf den Straßen tun?!). Wir werden niemals aufgeben; und selbst wenn – was ich keinen Moment lang glaube – diese Insel unterworfen und ausgehungert würde, dann würden die übrigen unserer Kameraden in den Regierungen auf der ganzen Welt den Kampf fortsetzen, bis die Neue Weltordnung mit all ihrer Macht und Stärke zur Rettung und Befreiung der alten hervortreten wird."

Ich bin sicher, Winston würde meine Kanalisierung seiner Worte hier durchaus billigen.

Ich möchte diese Gelegenheit nutzen, meiner Lektorin Máire Ní Fheadair – der einzigen und ewigen Doktorandin des Termonfeckin Institute of Expertise – zu danken, dass sie ihren (ziemlich) fachkundigen Blick über den Text hat schweifen lassen. Natürlich kann nicht alles perfekt sein, weshalb sämtliche verbliebenen Fehler in diesem Buch ausschließlich ihr anzulasten sind.

Dieses Buch widme ich außerdem meinem Vater, einem Mann, der wahrlich kein Narr war und meine intellektuelle Brillanz schon in jungen Jahren erkannte. Wie sehr es mich schmerzt, dass ich dir nicht persönlich sagen kann, Papa, dass ich erst gestern einen Anruf von einem führenden Social-Media-Unternehmen erhalten habe, das mich bat, ihre Faktencheck-Abteilung zu leiten ... ach, wenn du doch jetzt hier sein könntest ... nun, ich erzähle es dir später am Telefon und wer weiß, vielleicht lassen sie dich früher raus, als wir denken. Auf jeden Fall bemühe ich mich jeden Tag, der MacAmadáin-DNA gerecht zu werden.

Schließlich danke ich auch meiner lieben Frau. Wie oft wir uns in den letzten Jahren gegenseitig getröstet haben und welch schwierige Zeiten wir durchlitten haben. Aber selbst als wir dachten, es gäbe nun wirklich keine Serie mehr auf Netflix, die wir noch nicht gesehen hätten, haben wir doch immer eine gefunden, nicht wahr? All meine Liebe dir, meine liebste, liebste Assumpta.

Nach alledem hoffe ich, dass dieses Buch Ihnen allen helfen wird, sich im großen Kampf gegen die Fehlinformationen zu rüsten, die in den Tiefen des Internets ihr Unwesen treiben!

Mit freundlichen Grüßen und bitte, um Himmels willen: Bleiben Sie extrem sicher,

Prof. Oisín MacAmadáin

Für Medienanfragen schreiben Sie bitte an: <oisinmacamadain@icloud.com>

1

KAPITEL EINS: COVID-LEUGNER-MYTHEN ENTLARVEN!

Nun, um dieses Buch zu beginnen, wollen wir uns einige der ungeheuerlichsten Lügen ansehen, die Covid-Leugner über das Virus verbreitet haben — Sie wissen schon, Dinge wie seine angeblich zweifelhaften Ursprünge, seine „gar nicht so schlimme" Infektionssterblichkeitsrate (!) oder die Vorstellung, dass Lockdowns vielleicht doch nicht die beste Idee gewesen sein könnten ... Aber bevor wir uns diesem Mythen-Busting widmen, lassen Sie uns dieses Kapitel mit einer etwas positiveren Note beginnen und uns zunächst an die frühen Tage der Pandemie erinnern — eine Zeit, in der die Weltgeschichte für immer und zum Besseren verändert wurde ...

Lehren aus China

Wir alle haben den Chinesen viel zu verdanken. Denn sie waren es, die uns überhaupt erst auf die tödliche Ernsthaftigkeit dieses Virus aufmerksam gemacht haben.

Ich werde nie vergessen, wie ich in den ersten Tagen die Videos aus China sah — eines zeigte einen Mann, der über einen belebten Platz ging, nieste, und dann fielen er und alle in seiner Umgebung tot um. Oder das Video eines kleinen Dorfes etwas außerhalb von Wuhan, das Hunderte von Leichen zeigte, die von Raben im Nebel angepickt wurden, während medizinisches Personal in Schutzanzügen verzweifelt versuchte, jemanden zu finden, der vielleicht noch am Leben sein könnte — und scheiterte.

Und sie zeigten uns nicht nur, wie ernst diese Krankheit ist, sondern auch den einzig richtigen Weg, mit ihr umzugehen. Tatsächlich braucht es in der Wissenschaft manchmal mutiges, neues Denken, um alte Sichtweisen zu entlarven ... Sie wissen schon, echte Da-Vinci-Momente. Und genau das gelang China, als es in Wuhan eine Ausgangssperre verhängte, die Stadt mit Panzern und Militär umstellte und jeden erschoss, der es wagte, das Haus zu verlassen. Warum wir Atemwegsviren nicht schon immer auf diese Weise behandelt haben, werde ich nie verstehen — aber wer auch immer auf diese geniale Strategie kam, verdient zweifellos einen Nobelpreis.

Und so schaute die Welt zu, sie hörte zu — und dann kopierte sie. Und, ehrlich gesagt, wir haben nie zurückgeblickt. Auf diese Weise wurde das wissenschaftliche Denken dank des chinesischen Genies auf zuvor unvorstellbare Höhen gehoben.

Doch es war keineswegs selbstverständlich, dass der chinesische Ansatz überall übernommen würde. Ein entscheidender Moment war erreicht, als Covid Italien traf. Klar — wie würde diese ultra-gesellige Gesellschaft damit umgehen? Nun, sie sahen sich die erstklassigen Maßnahmen in Wuhan an und beschlossen, wie das alte Sprichwort wohl sagt, das Geschenk nicht einfach auszuschlagen: „Alle Bürger müssen jetzt drinnen bleiben und ab sofort ihre Arien und Operetten nur noch von den Balkonen aus aufführen!", verkündete der Gesundheitsminister. Für mich persönlich war das ein besonderer Moment in der Geschichte der Wissenschaft, denn er erhöhte die Wahrscheinlichkeit, dass der Rest Europas ein bisschen Vernunft zeigen und Chinas Lockdown-Strategie folgen würde. (Obwohl ich — und ich kritisiere wirklich ungern — rückblickend sagen muss, dass die italienische Regierung eindeutig unterschätzte, welche Distanz Covid-infizierte Tröpfchen aus den gut trainierten Lungen eines Soprans oder Baritons zurücklegen können ... Aber gut, selbst Vergil nickt, oder wie auch immer sie es dort sagen, und wir müssen hoffen, dass man die Menschen beim nächsten Mal bittet, *drinnen* zu singen — und natürlich nur, wenn sie allein im Raum sind.)

Also, Italien war dabei — und alle Augen richteten sich auf das Vereinigte Königreich und auf einen gewissen Prof. Neil Ferguson vom Imperial College London, Sonderberater der Regierung. Als erfahrener Modellierer wandte er seinen geschulten Verstand der Frage zu, wie viele Menschen Covid im Vereinigten Königreich töten würde — und kurz gesagt: eine ziemlich schreckliche Menge. Und so wusste er, dass ein Lockdown nötig sein würde, um dieses katastrophale Szenario zu verhindern. Aber wie sollte man die britische Öffentlichkeit überzeugen? Nun, wenn die italienische Regierung damit durchkommen konnte, warum nicht auch Johnson & Co.? Und so riet er Boris, sich an das Drehbuch zu halten (bis dahin hatte Boris im Churchill-Stil über die Notwendigkeit fabuliert, ruhig zu bleiben und weiterzumachen, oder irgendeinen ähnlichen Unsinn). Zum Glück hatte Boris ausnahmsweise die Fähigkeit, eine ihm überlegene Intelligenz zu erkennen — und so wurde das Vereinigte Königreich schön und hart abgeriegelt.

Und — ich freue mich sagen zu können — haben wir

vom Termonfeckin Institute of Expertise nicht auch unseren eigenen Beitrag zur klaren Notwendigkeit von Lockdowns geleistet? Unsere Modelle waren sogar noch vorsichtiger als die von Prof. Ferguson (so brillant der Mann natürlich auch ist), und ich lade Sie alle ein, unser Papier zu lesen, das leicht online zu finden ist (Titel: „Irlands nächste große Hungersnot: Vorbereitung auf die bevorstehende Covid-Katastrophe"). Darin sagten wir voraus, dass ganze Vororte von Cork, Galway und Dublin ausgelöscht würden und ein Lockdown absolut unerlässlich sei. Glücklicherweise hörte die Regierung zu und verhängte einen Lockdown — und das nicht weniger als am *Paddy's Day*. Tatsächlich sind wir am T.I.E. weiterhin stolz auf unsere Rolle in Irlands Covid-Reaktion. (Wobei es fahrlässig wäre nicht zu erwähnen, dass wir noch immer fest überzeugt sind, dass die Regierung auch unserem Rat zur sofortigen und umfassenden Verlegung der Stadtbevölkerung in sozial distanzierte Lager in den Midlands hätte folgen sollen — aber sicher, das heben wir uns für das nächste Mal auf.)

Wie dem auch sei — ob es nun China, Italien, Ferguson oder tatsächlich die Arbeit Ihrer Wenigkeit zu verdanken war — überall sonst folgte man ziemlich genau diesem Beispiel: von Peru über Marokko bis nach Deutschland und Turkmenistan. Die Menschen wissen eben, was gut für sie ist — vorausgesetzt, man schlägt es ihnen nur hart genug ins Gesicht. Und glücklicherweise wussten die meisten Menschen, dass der Lockdown eine gute Sache war und unzählige Leben retten würde. Puh — noch mal gut gegangen!

Die Erklärung von 'Great Barrington'

Und ich meine wirklich, dass wir knapp davongekommen sind, denn — bizarrerweise — scheint nicht jeder Wissenschaftler zuzustimmen, dass Lockdowns unzählige Leben gerettet haben. Und was, wenn diese Bande von Idioten das Sagen gehabt hätte ... nicht gerade die hellsten Köpfe, oder? Ich meine — Lockdowns bedeuten weniger Fälle, was weniger Todesfälle bedeutet ... so offensichtlich, das könnte sogar ein Kleinkind verstehen. Aber dies ist ein Buch über die Bekämpfung von Fehlinformationen, und so — kommen wir zu den ersten Mythen, die wir entlarven müssen!

Nun, eine der Methoden, mit denen Covid-Leugner ihren Ansichten Anschein von Seriosität verleihen möchten, ist die Behauptung, angesehene Experten hielten Lockdowns für einen großen Fehler. „Oh, aber was ist mit der Great Barrington Declaration?", rufen sie dann — und beziehen sich damit auf ein kleines Treffen einiger Sessel- und völlig randständiger „Wissenschaftler", die, soweit ich es beurteilen kann, der Ansicht sind, der beste Ansatz gegen Covid bestehe darin, Ausbrüche in Pflegeheimen weltweit gezielt zu fördern. Nun — sie würden es natürlich nicht so ausdrücken, aber was sollte man sonst erwarten?

Worum geht es also bei der Great Barrington Declaration? Es gibt drei Hauptakteure: Prof. Jay Bhattacharya (Professor für Medizin, Stanford University), Prof. Sunetra Gupta (Professorin für Theoretische Epidemiologie, Oxford) und Prof. Martin Kulldorff (Professor für Medizin, Harvard bis 2021). Nun könnten Sie denken: „Oh, aber Oisín, diese Leute klingen schrecklich angesehen — sollten wir nicht hören, was sie zu sagen haben?" Ehrlich gesagt, Leute — denken Sie noch einmal nach, denn wie immer steckt der Teufel im Detail. Ich bezweifle zum Beispiel sehr stark, dass die betreffenden Stanford, Oxford oder Harvard jene Institutionen sind, die wir normalerweise mit diesen Namen verbinden. Woher wissen wir, dass es sich nicht einfach um kleine, kämpfende Colleges in den Vorstädten dieser Städte handelt, die sich an die Namen ihrer angesehenen Nachbarn klammern, um ahnungslose chinesische Studenten anzulocken? So wie wenn Sie mit Ryanair fliegen und glauben, in eine Großstadt zu reisen — nur um nach der Landung festzustellen, dass Sie irgendwo im Hinterland gelandet sind, zwei Stunden von dem Ort entfernt, an den Sie dachten zu fliegen. Prof. Bhattacharya würde es nicht sagen, aber ich wette, er gehört in Wahrheit zur Fakultät des Stanford Polytechnic.

Welche rechtsextremen Ideen verbreiten diese Leute also? Schauen wir sie uns an!

Im Grunde sprechen sie von einem sogenannten „fokussierten Schutz“-Modell ... schützen Sie diejenigen, die anfällig für die Krankheit sind — die Älteren und Komorbiden — und lassen Sie ansonsten das Leben normal weiterlaufen. Lieber Gott — ist das heutzutage „wissenschaftliches Denken“?! Das Ganze klingt für mich zutiefst diskriminierend und altersfeindlich. Also wirklich — all unsere Großmütter einsperren, während alle anderen normal weiterleben dürfen? Wir leben in Gesellschaften, in denen GLEICHHEIT zählt — und wenn wir zulassen, dass eine virale Pandemie die Prinzipien zerstört, die uns lieb und teuer sind, was würde das über uns aussagen? Wenn Oma zu Hause bleibt, dann bleiben wir **alle** zu Hause, und damit basta.

Und woher wissen wir überhaupt, dass ihre Strategie unsere Großmütter sicherer macht? Diese randständigen Wissenschaftler würden zweifellos argumentieren: „Nun, wenn Oma zu Hause bleibt, spielt es doch keine Rolle, ob der Rest die Krankheit bekommt, oder? Das Virus kann ja nicht durch die Wände ihres Hauses hindurch ..." Oh, lieber Herrgott! Woher wollen diese Idioten wissen, ob Covid-19 durch Wände dringen kann oder nicht? Wenn es aus China um die ganze Welt reisen kann, dann weiß nur Gott, wozu es sonst noch fähig ist. Ehrlich — das intellektuelle Niveau dieser Leute.

Es ist wirklich am besten, wenn wir alle eingesperrt werden — Alte wie Junge. Das ist der sicherste Weg. Und, ehrlich gesagt, manche Großmütter könnten sonst auf dumme Gedanken kommen und ihre Enkel zum Tee einladen oder so etwas ... Sie wissen ja, wie sie sind. Deshalb ist es am besten, wenn sie ganz genau wissen, dass sie SICHER bleiben sollen, indem sie allein zu Hause bleiben. Viele von ihnen sind ohnehin senil und müssen gesagt bekommen, was zu tun ist. War es nicht Gandhi, der meinte, man könne erkennen, wie zivilisiert eine Gesellschaft ist, daran, wie sie ihre Tiere behandelt? Nun — dasselbe gilt, würde ich sagen, für ältere Menschen, und sie in ihren Häusern einzusperren, liegt eindeutig in ihrem besten Interesse.

Nicht, dass sie das immer selbst merken würden. Ich saß neulich in einem Taxi, und der Taxifahrer erzählte mir irgendeine Rührgeschichte darüber, wie die Regierung seiner 90-jährigen Mutter nicht das „Recht" nehmen sollte, sich mit ihrer Familie zu treffen. Es sei *ihr* Risiko, und sie wolle ihre Familie sehen usw. Ehrlich — was ist das denn für eine Frau?! Ich weiß genau, dass ich, wenn ich 90 wäre, das *Letzte*, was ich wollte, wäre, meine Familie zu treffen. Es wäre herrlich, endlich einmal eine Pause von ihnen zu haben, und ich wäre der Regierung sehr dankbar, wenn sie mir eine solche Gelegenheit verschaffen würde.

Natürlich möchte ich klarstellen, dass nur weil ich über die tödliche Gefahr gesprochen habe, die Covid für ältere Menschen darstellt, das NICHT bedeutet, dass ich der Anti-Impf-Idee zustimme, manche Menschen seien stärker gefährdet als andere. Nein — lassen Sie mich klar sein: Wir sind **alle** in höchster Gefahr, an dieser schrecklichen Krankheit zu sterben, vom Jüngsten bis zum Ältesten. Anders als diese Great-Barrington-Gruppe diskriminiert Covid nicht.

Wahrlich — ob alt oder jung — es gibt keine „risikofreie“ Gruppe. Und so, um Himmels willen: Bleiben Sie einfach drinnen. Wenn wir überhaupt etwas über die Great-Barrington-Leute sagen können, dann, dass sie den Inbegriff der „Let it Rip!“-Brigade darstellen (‘Lasst sie sterben!’). Und wofür steht „RIP“? Genau: „Ruhe in Frieden“. Ehrlich — die Millionen, die gestorben wären, hätten **diese** Leute das Sagen gehabt ... es ist zu entsetzlich, um es zu bedenken.

Wie auch immer — trotz all dessen muss ich zugeben, dass ich zunächst etwas besorgt war, als ich das erste Mal von dieser Gruppe hörte — und so schrieb ich sofort meinem Kumpel Dr. Faucet:

Von: Prof. Oisín MacAmadáin
<termonfeckineinstein@termonfeckininstitute.ie>
An: Dr. Antony Faucet
Betreff: SEHR RANDSTÄNDIGE GRUPPE SELBSTERNANNTER WISSENSCHAFTLER — GEFAHR!!!

Hey Tony!

Ich bin äußerst besorgt über das Aufkommen der „Great Barrington“-Erklärung ... sie könnte all unsere Bemühungen untergraben! Sie sagen, wir sollten Oma und die Schwachen schützen, aber alle anderen frei lassen — Gott, wenn die Leute diese Art von nuanciertem Denken verstehen könnten, wären wir erledigt! Tun Sie, was Sie tun müssen! Veröffentlichen Sie eine vernichtende Widerlegung (ich kann sie schreiben, wenn Sie möchten), rufen Sie die Armee, sagen Sie denen, die Joe kontrollieren, sie sollen ihm mitteilen, dies sei alles das Werk von Terroristen!

Viel schlimmer ist, dass diese Fehlinformation so überzeugend wirkt, dass sogar Nobelpreisträger Michael Levitt seine Unterschrift hinzugefügt hat! Ich schlage daher vor, dass wir auch eine vernichtende Widerlegung und Faktenprüfung all seiner Nobelpreis-Arbeiten zusammenstellen, um ihn ebenfalls wie einen totalen Idioten dastehen zu lassen.

Ich erwarte gespannt Ihre Gedanken,

Oisín

Wie dem auch sei, ich sah mir die Great-Barrington-Website dann genauer an — und ehrlich gesagt, sie war ein einziges Gähnen, mein Blick wurde glasig, und ich war erleichtert, denn ich glaube nicht, dass Menschen heutzutage die Aufmerksamkeitsspanne haben, um solche kleinlichen Abhandlungen zu lesen. Das ist auch gut so, denn wie eine neue Studie aus Stanford zeigte (vermutlich diesmal die echte — aber wer weiß), unterstützen ungefähr gleich viele angesehene Wissenschaftler das „fokussierte Schutz"-Modell wie das Lockdown-Modell, aber die Lockdown-Seite hat eine größere Reichweite in den sozialen Medien. Es erstaunt mich immer wieder, wie randständige, rechtsextreme Ideen Forscher dazu bringen können, Positionen einzunehmen, die der Wissenschaft widersprechen. Aber gut — wir leben wirklich in einer postfaktischen Ära.

Aber all dieses Gerede über eine Great Barrington-Erklärung brachte mich dazu, mich zu fragen, ob ich nicht auch meine eigene große Verkündung über die klare Notwendigkeit von Lockdowns und ähnlichen Maßnahmen verfassen sollte. Ich könnte sie „Das Termonfeckin-Abkommen“ nennen ... nein, ich möchte etwas, das großartiger klingt, und ich mag die Art, wie diese selbstverherrlichenden Schnösel das Wort „Great“ verwenden ... wie wäre es also mit „Das Große Termonfeckin-Zeugnis“ ... hmmm, das ergibt keinen Sinn, aber es lässt mich an etwas Biblischeres denken, wie ... „Das Große Termonfeckin-Testament“ ... ja, das ist sicherlich besser! Aber ich frage mich, ich frage mich ... ah, ja, perfekt! Sowohl biblisch als auch erhaben im Ton: „Die Große Termonfeckin-Ejakulation“. Ich werde mich sofort an die Organisation machen und Sie über die Ergebnisse auf dem Laufenden halten.

Ja, Varianten sind beängstigend!

Nun, während wir uns alle sicherlich auf meine große Ejakulation freuen können, müssen wir zum nächsten Mythos übergehen, dem wir entgegenwirken müssen. Nachdem wir uns angesehen haben, wie der herausragende chinesische Ansatz zur Bekämpfung dieses Virus zu Recht fast überall auf der Welt übernommen wurde — trotz des Gejammers einiger rechter Wissenschaftler — wollen wir nun das Virus selbst genauer betrachten. Es gäbe so viele Aspekte, über die man sprechen könnte, aber lassen Sie uns uns insbesondere auf seine heimtückische Fähigkeit konzentrieren, in eine unzählige Vielzahl von Varianten zu mutieren — etwas, das seine zweifellos evidente Gefährlichkeit nur noch unterstreicht (auch wenn Covid-Leugner das bizarrerweise anders sehen, aber, andererseits, deshalb bin ich ja hier!).

Tatsächlich hörte ich neulich im Radio, wie die Moderatorin sich immer wieder darüber beklagte, wie lange die Beschränkungen wohl noch andauern würden. „Wir sind jetzt bei der Omicron-Variante, und ich verspüre einfach dieses Gefühl der Angst — es gibt noch so viele Buchstaben im griechischen Alphabet, bis wir bei Omega sind ...“, sagte sie unter Tränen.

Es war erschütternd für mich, solch unwissenschaftliches Geschwätz zu hören — und das auf einem Mainstream-Radiosender. Glaubt sie ernsthaft, ein so cleveres Virus wie Covid würde aufhören, sich zu variieren, nur weil es beim Buchstaben Omega angekommen ist? Ich hätte am liebsten angerufen und sie zurechtgewiesen. Schließlich mag Omega der letzte Buchstabe des griechischen Alphabets sein, aber es gibt noch viele andere Alphabete, denen das Virus seine Aufmerksamkeit widmen kann. Was ist mit einer Schrift, die sogar älter ist als das griechische Alphabet — dem phönizischen? Alep, Bet, Giml, Dalet, He, Waw, Zajin ... Ich kann mir den BBC-Nachrichtenbericht schon vorstellen:

„Willkommen zu den Nachrichten um 9 Uhr. Der Gesundheitsminister gab heute bekannt, dass der erste Fall der Zajin-Variante im Vereinigten Königreich nachgewiesen wurde. Margaret, eine Rentnerin aus Barnstaple, hatte eine laufende Nase und testete sich sofort. ‚Ich war ehrlich überrascht, einen Zajin-Fall zu haben, da ich dachte, ich sei immun, seit ich letztes Jahr dreifach gegen Giml geimpft worden bin.‘“ Persönlich kann ich mir keine Zukunft vorstellen, in der Covid jemals aufhört, sich zu variieren. Und so — nach dem phönizischen Alphabet — warum nicht chinesische Schriftzeichen verwenden, als Hommage an die Rolle, die diese große Nation bei seinen Ursprüngen gespielt hat? Chinesisch hat über fünftausend Zeichen — das gibt uns also mindestens ein paar Jahrhunderte Luft, bevor wir uns überlegen müssen, welches Schriftsystem wir als Nächstes heranziehen.

Ich muss sagen, dass ich froh bin, dass wir aufgehört haben, Varianten nach ihrem ursprünglichen Entdeckungsort zu benennen. Wir hatten zum Beispiel eine ziemlich unangenehme Phase, in der wir Delta die „indische Variante“ nannten. Das führte überall zu einem massiven Anstieg der Unterstützung für rechtsextreme nationalistische Parteien, die alle möglichen ungeheuerlich rassistischen Behauptungen über Covid verbreiteten ... „hierherkommen, unsere Krankenhausbetten belegen ... was ist falsch an der englischen Erkältung, das sage ich“, soll ein ehemaliger UKIP-Stadtrat gesagt haben. Ich war froh, als dieser Unsinn ein Ende fand.

Natürlich bekamen diese UKIPPER einen Vorgeschmack auf ihre eigene Medizin, als eine Variante in Kent, einer ihrer Hochburgen, identifiziert wurde. Man hätte sie genauso gut „die UKIP-Variante“ nennen können. Tatsächlich war ich hocherfreut, als Macron anschließend sämtliche Flüge aus dem Vereinigten Königreich blockierte. Schließlich — was haben Nigel Farage und seinesgleichen, besonders wenn sie husten und spucken, überhaupt in Europa zu suchen?

Was Omicron betrifft, so bin ich diese Covid-Leugner leid, die behaupten, der Name sei ein Amalgam (ist das das richtige Wort, Red.?)[1] für „idiotisch“. Das ist zutiefst beleidigend für Experten wie mich. Es gibt absolut nichts „Idiotisches“ an der Reaktion der Welt auf diese Pandemie — sie entsprang den höchsten Ebenen wissenschaftlichen und rationalen Denkens.

Jedenfalls lieben es die Impfgegner, darauf hinzuweisen, dass Omicron weniger virulent sei und dass dies ja Sinn mache, da ein Virus dazu tendiere, mit der Zeit weniger virulent zu werden — und warum man so etwas dann noch so ernst nehme, wo es sich doch kaum von einem gewöhnlichen Schnupfen unterscheide, bla bla bla.

Sehen Sie, lassen Sie uns diesen „ein Virus wird mit der Zeit weniger virulent“-Quatsch ein für alle Mal aus dem Weg räumen. Selbst wenn das wahr wäre, sollten wir Covid immer noch extrem ernst nehmen. Angenommen, am Ende des phönizischen Alphabets wäre das Virus so harmlos, dass es nicht nur völlig asymptomatisch wäre, sondern sogar gesundheitliche Vorteile böte — Tatsache bleibt: Es *ist* immer noch Covid, und man weiß nie, was es als Nächstes anstellen könnte. Im einen Moment erwischt man einen harmlosen Stamm, fühlt sich besser als je zuvor und arbeitet wie ein Weltmeister — und im nächsten kommt eine Variante mit der Sterblichkeitsrate von Ebola, und man selbst sowie jeder, den man kennt, fällt tot um. Ich sage nicht, dass dies definitiv passieren wird, aber Covid ist ein hinterhältiges Biest — man weiß nie, was es als Nächstes ausheckt. Vorsicht ist immer das Beste.

Tatsächlich — habe ich nicht neulich von etwas gelesen, das noch beängstigender klang als eine Variante? „Influerona“ nannten sie es — eine Kreuzung aus Covid und der gewöhnlichen Influenza. Absolut furchterregend. Es ist nur eine Frage der Zeit, bis es einen Poliorona- oder sogar einen Leperona-Ausbruch gibt — und dann sind wir alle wirklich und vollständig am Ende.

Jedenfalls hoffe ich, dass ich klargemacht habe, wie ernst und wie beängstigend das Auftreten all dieser Varianten ist. Tatsächlich ist die Ironie, dass diese Covid-Leugner sie spöttisch „Scarianten“ nennen — denn damit sagen sie endlich einmal die Wahrheit.

Nachdem wir nun die Varianten und die Art der Lügen betrachtet haben, die die Spinner über sie verbreiten, wenden wir uns einer ganzen Reihe weiterer typischer Covid-Mythen zu. Tatsächlich muss man in der „Spinner-Sphäre" nicht lange suchen, um Behauptungen zu finden, das Virus sei saisonal, natürliche Immunität schütze vor der Krankheit oder die Viruslast, der man ausgesetzt sei, spiele eine Rolle. Während ich darüber nachdachte, wie ich diese gefährlichen Ideen in diesem Buch am besten bekämpfen könnte, erinnerte ich mich daran, dass ich zur Halbzeit der Pandemie eine Zoom-Fragerunde mit einigen Anwohnern von Termonfeckin abhielt, in der all diese irrigen Vorstellungen leider ihr hässliches Haupt erhoben.

Also habe ich hier einfach ein Transkript dieser Sitzung eingefügt, da es diese fehlgeleiteten Perspektiven bereits für sich allein erfolgreich zerstreuen kann ...

Oisín: Guten Abend allerseits ... schön, Sie alle zu sehen. Wie wäre es, wenn wir gleich zur Sache kommen — wer die erste Frage stellen möchte, legt einfach los ...

F: Hallo, Prof. MacAmadáin, Miriam O'M. hier. Ich hoffe, es geht Ihnen gut. Ähm ... ich wollte nur wissen, welche Informationen wir jetzt über die neueste Infektionssterblichkeitsrate haben. Ich habe Prof. Ioannidis gehört und ...

Oisín: Professor *wer*? Nie von ihm gehört! Ich hoffe, Sie beziehen Ihre Informationen aus seriösen Quellen, Miriam?

Miriam: Nun, er schien seriös genug, Prof. MacAmadáin, aber Sie wären natürlich am besten in der Lage, seine Ideen zu beurteilen. Jedenfalls hat er gerade ein Papier veröffentlicht: *Die Infektionssterblichkeitsrate von Covid-19 abgeleitet aus Seroprävalenzdaten*, und ...

Oisín: Oh Herr — es gibt immer einen, nicht wahr? Und *das* muss natürlich die allererste Frage sein!

Miriam: Es tut mir leid, Prof. MacAmadáin?

Oisín: Machen Sie einfach weiter!

Miriam: Okay ... nun, er schlägt vor, dass die mittlere Infektionssterblichkeitsrate bei etwa 0,27 % liegt ... was denken Sie?

Oisín: Absoluter Unsinn! Am Termonfeckin Institute of Expertise haben wir die IFR auf näher an 34 % berechnet. Halten Sie sich bitte an *offizielle* Quellen, Miriam! Hmmm ... kein guter Anfang. Nächste Frage?

F: Sandra B. hier, Prof. MacAmadáin — die örtliche Floristin. Offensichtlich ist mein Laden geschlossen, aber für die Wiedereröffnung wollte ich fragen, ob Sie glauben, dass sich das Covid in Blumen verstecken kann?

Oisín: Oh großartig — *das* ist eher die Art von Frage, die wir heute Abend hören möchten, Leute ... Ja, es kann sich absolut überall verstecken, Sandra, daher würde ich empfehlen, dass Sie — um zu vermeiden, dass Ihre Petunien die Arbeit des Sensenmanns erledigen — geschlossen bleiben, bis jeder in Termonfeckin mindestens vierfach geimpft ist.

F: Hallo Prof. MacAmadáin, Maureen R. hier — wir haben uns vor ein paar Jahren beim Termonfeckin Tractor Race getroffen ...

Oisín: Oh sicher, ich erinnere mich gut daran, Maureen. Hat Ihr Mann an diesem Tag nicht eine Medaille gewonnen?

Maureen: Nun, er hatte eigentlich *kein* gutes Rennen, Prof. MacAmadáin — sein Traktor sprang ja nicht einmal an. Aber wie dem auch sei, ich wollte Sie fragen ... ähm ... ich war natürlich hocherfreut, alle meine Impfungen zu bekommen, aber ich muss sagen, dass ich am Tag nach meiner dritten Impfung ... nun ja ... einen kleinen Herzinfarkt hatte — so könnte man es wohl nennen — nur einen absolut winzigen, nichts wirklich Besonderes. Ich nehme an, es ist ziemlich unwahrscheinlich, aber glauben Sie, es könnte vielleicht der I ... gewesen sein?

Maureen R. wurde getrennt.

Oisín: Oh je, wir scheinen Maureen verloren zu haben — aber wahrscheinlich ist das auch gut so, da ich wirklich nicht sicher bin, wohin sie mit dieser Frage wollte. Nächste?

F: Hallo Prof. MacAmadáin, Joan hier. Nun — im Gegensatz zur letzten Rednerin bin ich, Gott sei Dank, keine Impfgegnerin und möchte nur sagen, wie wunderbar ich diese Impfstoffe finde. Ich hatte insgesamt fünf Impfungen, und so wusste ich, als ich kürzlich Covid bekam, dass es mir gut gehen würde. Tatsächlich blieb ich ruhig, als ich hypoxisch wurde und mein Mann den Krankenwagen rief. Ich blieb dann während der gesamten Fahrt optimistisch, selbst als ich die ersten Anzeichen von Atemnot zeigte. Und als ich im Krankenhaus ankam und sofort an ein Beatmungsgerät angeschlossen wurde, kommentierten nicht alle Krankenschwestern meine fröhliche Verfassung? Und hier bin ich, Prof. MacAmadáin — am Leben, um die Geschichte zu erzählen — und dass ich überhaupt noch hier bin, verdanke ich den Impfstoffen. Wahrlich, ich sage mir jeden Tag: „Joan, es hätte so viel schlimmer sein können."

Oisín: Danke, dass Sie diese sehr bewegende Geschichte geteilt haben, Joan. Ich habe einen guten Freund in Dublin, dessen vollständig geimpfter Vater an Covid starb — er erzählte mir auch, wie viel schlimmer es hätte sein können. Nächste Frage?

F: Dia dhuit, Prof. MacAmadáin. Hier ist Patricia. Ich wollte nach dem Sommer fragen. Liege ich richtig mit der Annahme, dass das Virus saisonal ist? Können wir uns im Sommer weniger Sorgen machen und vielleicht ein-, zweimal das Haus verlassen — selbst wenn es nur in den Garten geht?

Oisín: Da unsere Regierung mitten im Sommer *obligatorische Masken* eingeführt hat — wie können Sie diese Frage überhaupt stellen?! Glauben Sie, sie hätten das getan, wenn sie nicht gedacht hätten, dass Covid im Sommer genauso tödlich ist wie zu jeder anderen Zeit???

Patricia: Oh, es tut mir leid, Prof. MacAmadáin — wie dumm von mir ...

Oisín: Verdammt richtig. Was Ihren Garten betrifft — Sie *können* dorthin gehen, aber tragen Sie Ihre Maske. Nächste Frage?

F: Guten Abend, Prof. MacAmadáin. Mein Name ist Sheila L., und ich bin Naturheilkundlerin hier im Ort. Ich wollte fragen, was wir tun könnten, um unsere natürliche Immunität zu verbessern? Zum Beispiel Vitamin-D-Supplementierung?

Oisín: Vitamin-D-Supplementierung?! Oh, natürlich — warum gehen Sie nicht einfach hin und machen einen Donald Trump und sagen uns allen, wir sollten Bleichmittel trinken, wenn Sie schon dabei sind?! Ehrlich — ich frage mich wirklich, ob ich diese Frage-und-Antwort-Runde überhaupt hätte machen sollen, angesichts der Art von Fragen, die ich bekomme. Zweifellos denken Sie auch, Ihre Kristalle würden Covid heilen ... weiter!

F: Hallo, Prof. MacAmadáin, Sinead H. hier. Vielen Dank, dass Sie heute Abend Ihr Fachwissen mit uns teilen. Ich persönlich war immer begeistert, Ihr Institut in unserer schönen Stadt zu haben, und hoffe, meinen Sohn eines Tages dorthin schicken zu können. Jedenfalls — was ich mich fragte, war: Wenn wir asymptomatisch sind, wie wahrscheinlich ist es, dass wir jemanden infizieren könnten, ohne es zu wissen?

Oisín: Ich bin überrascht, dass Sie sich lediglich Sorgen darüber machen, ob Sie jemanden „infizieren" können. Die relevantere Formulierung Ihrer Frage wäre eindeutig: *„Kann ich jemanden mit Covid töten, auch wenn ich nicht weiß, dass ich ihn ermorde?"* — und die Antwort darauf ist ein klares **Ja**!

Okay, ich bin es leid, Leute, an diesem Punkt ... Zeit für eine weitere Frage ...

F: Prof. MacAmadáin — Deirdre, die Dame vom örtlichen Postamt hier ... also, ich habe die Entscheidung getroffen, mich nicht impfen zu lassen und ...

Oisín: *Was?!!!* Und Sie bearbeiten unsere ganze Post?! Ich rufe sofort die Gardaí (Die irische Polizei)! Wo ist mein Telefon ... Garda Morrison, sind Sie das? Ich muss ein schreckliches Verbrechen melden!

Deirdre: Ich bin weg hier! Es war schön, euch alle gekannt zu haben!

Oisín: Schnell, alle zusammen — begebt euch an den Stadtrand von Termonfeckin, sperrt alle Straßen ab! Hindert sie daran, aus der Stadt zu fliehen! Bildet eine Bürgerwehr!

Sandra: Aber Prof. MacAmadáin?

Oisín: Oh, was jetzt, Sandra? Die Zeit drängt ...

Sandra: Wird das eine *sozial distanzierte* Bürgerwehr sein müssen, glauben Sie?

Oisín: Ähm ... ja, ja, das wird es wohl. Also: Alle bitte zwei Meter Abstand halten, wenn ihr in eurer Bürgerwehr seid und ...

Miriam: Aber ich glaube nicht, dass Treffen zwischen verschiedenen Haushalten derzeit erlaubt sind, Prof. MacAmadáin?

Oisín: Oh, was?! Oh — richtig, richtig. Okay ... also: Bildet eine sozial distanzierte Bürgerwehr, aber nur innerhalb eures eigenen Haushalts.

Miriam: In meinem Fall hieße das, dass ich nur meinen

dreijährigen Sohn mitnehmen kann, da sonst niemand hier ist — ist das in Ordnung, Prof. MacAmadáin?

Oisín: Ähm ...

Sandra: Und, Prof. MacAmadáin — was, wenn sie mehr als fünf Kilometer von Termonfeckin entfernt entkommt? Würde die weitere Verfolgung als „wesentlicher Reisegrund" zählen?

Oisín: Ehrlich gesagt ... ich bin mir nicht sicher ...

Patricia: Und wenn es tatsächlich darum geht, sie zu fangen — wie sollen wir das tun, wenn wir jederzeit zwei Meter Abstand zu ihr halten müssen, um uns alle sicher zu halten?

Oisín: Ich weiß es ehrlich gesagt nicht. Hat zufällig jemand eine Elektroschockpistole?

Maureen: Oh, Prof. MacAmadáin — ich habe gerade Deirdre in ihrem Auto vorbeifahren sehen. Ich glaube, sie ist uns entkommen.

Oisín: Seht — okay, alle zusammen ... sie ist entkommen. Wir überlassen es den Wachen, sich darum zu kümmern. Aber lasst dies eine Lehre dafür sein, welche Art von Menschen in unserer Mitte leben könnten, ohne dass wir es wissen. Ich denke, ich beende die Sitzung jetzt. Ich hoffe, Sie fanden mein Fachwissen hilfreich, und es gibt sicherlich viel Nüchternes zu bedenken.

Nun, ich hoffe, dass Ihnen dies gezeigt hat, welche Art von Argumenten Sie vorbringen können, wenn Leute mit wirklich dummen Aussagen über Covid kommen. Ich schäme mich nur ein wenig zuzugeben, dass einige der Menschen in meiner eigenen Heimatstadt solche Ansichten vertraten. Die Polizei hat Deirdre übrigens auch nie gefasst ... sie floh nach Mexiko, wo man Ungeimpfte ohne die geringste Gefängnisstrafe einreisen lässt (ich werde mich später in diesem Buch ausführlicher mit Mexiko und seinen Covid-Machenschaften befassen).

Positiv ist immerhin, dass eine der verrückteren Ideen, die über Covid kursieren, an jenem Abend nicht zur Sprache kam — aber angesichts ihrer enormen Verbreitung habe ich keinen Zweifel, dass Sie davon gehört haben ... und so wenden wir uns nun zu ...

Die Ursprünge von Covid

Nun, diese Idee ist natürlich völlig verrückt! Manche Leute glauben wirklich, dass das Virus aus einem Labor entwichen sei, das sich auf die Forschung an modifizierten Viren spezialisiert hat (sogenannte „Gain-of-Function"-Forschung) — und dass dieses Labor in Wuhan sogar Gelder vom National Institute of Health der US-Regierung erhalten habe. Ich war daher besonders hartnäckig in meinem Bestreben, diesen speziellen Mythos ein für alle Mal zu entkräften. Aber als ich mit einem meiner hochrangigen Freunde in der US-Regierung sprach, sagte er mir, ich solle das wirklich nicht tun.

Um ehrlich zu sein, mein Freund — der anonym bleiben wollte — wurde etwas seltsam und sagte, es sei zu meinem eigenen Besten und dass Guantanamo Bay nicht der Ort sei, an dem ich enden wolle. „Nein", sagte ich, „das Labor ist in Wuhan. *Dort* würde ich ermitteln, nicht in Guantanamo." — „Ich glaube nicht, dass du meine Bedeutung verstanden hast, Oisín. Schau, behandle das Thema einfach nicht in deinem Buch, okay?"

Mein Freund war so hartnäckig, dass ich schließlich nachgab. Schließlich werde ich die Bitte eines guten Freundes immer respektieren. Alles, was ich sagen kann, ist: Er muss das Ganze für eine so irrwitzige Idee halten, dass es unter der Würde eines jeden wäre, sich auch nur die Mühe zu machen, ihr entgegenzuwirken. Also belasse ich es dabei.

Wie dem auch sei — da haben Sie es, Leute. Wir haben die Bühne bereitet: für Covid, seine Gefährlichkeit, die Tricks, die es anwenden kann, die vielfältigen Arten, wie die Leute andeuten, dass es doch keine so große Sache sei, und so weiter. Und natürlich haben wir zu Beginn dieses Kapitels ausführlich dargelegt, warum Lockdowns der beste Weg sind.

Einige Leute würden jedoch behaupten, dass Lockdowns unsere Gesellschaften auf die eine oder andere Weise negativ beeinflusst hätten ... totaler Unsinn natürlich — und deshalb werden wir im nächsten Kapitel darüber nachdenken, wie das Leben unter Covid nicht nur gar nicht so schlimm war, sondern, wenn überhaupt, sogar ein *Riesenspaß*!

2

KAPITEL ZWEI: DIE VIELEN FREUDEN & SEGNUNGEN DES LOCKDOWNS

Nun, wenn man den Impfgegnern glauben würde, ist das Leben in den letzten Jahren furchtbar bedrückend geworden und die Gesellschaft zerfällt unter der Last „drakonischer" Lockdown-Maßnahmen. Nun, das war ÜBERHAUPT NICHT meine Erfahrung! Und so werde ich in diesem Kapitel den Mythos widerlegen, dass eine Art Dystopie geschaffen worden sei — für unsere Kinder, für unsere Beziehungen oder gar die abwegige Idee, dass jeder, der Masken trägt, uns irgendwie „weniger menschlich" macht ... Also: Lies weiter, MacDuff, wie das Sprichwort wohl lautet ...

Masken, herrliche Masken

Eine meiner täglichen Freuden war es, in meinen Eckladen zu gehen und das Meer halbblauer Gesichter um mich herum zu sehen — ein sichtbares Zeichen unseres gemeinsamen Engagements, einander zu schützen. Und ich weiß nicht, wie es Ihnen geht, aber ich finde auch, dass Masken Menschen geradezu sexy machen, und ertappe mich oft dabei, wie ich die atemberaubende Schönheit vorbeigehender Menschen anstarre. Tatsächlich gab es eine Studie der Universität Cardiff genau zu diesem Punkt, die nachwies, dass Gesichtsmasken Menschen attraktiver machen — und wie Sie inzwischen wissen, folge ich immer der Wissenschaft.

Andererseits: Wenn ich jemanden auf der Straße traf, der keine Maske trug — oder wenn auch nur ein winziges Stück seiner Nasenlöcher zu sehen war — pflegte ich ihm einen bösen, strengen Blick zuzuwerfen. (Sie verbal zu ermahnen ist nicht die sicherste Methode, da das eher eine virale Last übertragen würde — nicht dass sie es nicht verdienten.) Ich merkte jedoch, dass sie meinen Ausdruck nicht sehen konnten, und das verärgerte mich sehr. Aber dann kam ich eines Tages auf die Lösung! Seitdem trage ich eine Sammlung wütender Gesichtsaufkleber bei mir und klebe einfach einen auf meine Maske, wann immer ich intensive Missbilligung ausdrücken möchte.

Die meisten Leute haben sich wirklich ins Zeug gelegt. Manche, wie ich, tragen drei Masken und ein Visier. Andere nur zwei — aber das ist immer noch eine gute Anstrengung. Einige maskieren ihre Babys, andere maskieren ihre Hunde beim Spaziergang. Meine Katze geht natürlich nie spazieren, aber ich maskiere sie, wann immer wir Besuch haben. Und wann immer ich Auto fahre, trage ich ebenfalls eine Maske. Schließlich könnten virale Tröpfchen durch den Luftfilter dringen.

Stellen Sie sich also meinen Schock vor, als ich von einer Studie aus Dänemark hörte, die feststellte, dass das Tragen von Masken *„keinen statistischen Unterschied"* bei den Infektionszahlen zwischen Maskierten und Unmaskierten verursachte! Sobald ich auf eine wahrscheinliche Verschwörungstheorie stoße, recherchiere ich sofort. Und so fand ich ein Papier mit einem furchtbar langen Titel[1], verfasst von einem gewissen Dr. Henning Bundgaard von der Universität Kopenhagen. Die Lektüre machte mich so wütend, dass ich sofort an das *British Medical Journal* schreiben musste, um diesen Autor zurechtzuweisen:

'Sehr geehrter Herr BMJ-Redakteur,

Ich befinde mich immer noch in einem Zustand nahezu apoplektischen Schocks, nachdem ich das sogenannte wissenschaftliche Papier von Dr. *Herring Bumgaard* gelesen habe. Seine Studie untersuchte den Unterschied in den Infektionsraten zwischen einer Gruppe, die angewiesen wurde, außerhalb des Hauses jederzeit Masken zu tragen, und einer anderen, die dies nicht tat. Über zwei Monate wurden etwa 6.000 Personen aufgeteilt: In der maskierten Gruppe infizierten sich etwa 1,8 %, in der unmaskierten etwa 2,1 %. Und daraus leiten sie ab, es gebe „keinen statistischen Unterschied".

Diese Art von Ergebnissen ist ja schön und gut, aber die eigentliche Frage ist: Welche Ethikkommission, die ihren Namen verdient, würde eine solche Studie jemals genehmigen? Dreitausend Menschen mitten in einer Pandemie anzuweisen, ohne Maske herumzulaufen? Was auch immer die Ergebnisse dieser Studie sein mögen — Tatsache bleibt, dass sie zu einem großflächigen Mord in nie dagewesenem Ausmaß hätte führen können. Tatsächlich bin ich mir nicht sicher, ob sie es nicht getan hat. Woher wissen wir, dass nicht bis zu 100 % der Infizierten in der unmaskierten Gruppe aufgrund einer stärkeren viralen Exposition gestorben sind? Fragte man sie nur, ob sie infiziert waren — und nicht, ob es sie getötet hatte? Oder haben sie vielleicht ganze Stadtteile Kopenhagens ausgelöscht, indem sie Tröpfchen mit viel höheren Viruslasten verbreiteten? Hat Dr. *Bumgås* an eine dieser Möglichkeiten gedacht? Warum wurden diese Fragen nicht behandelt? So vieles bleibt unbeantwortet. Ich fordere die dänische Regierung auf, unverzüglich eine öffentliche Untersuchung einzuleiten.

Wie viele Iren habe ich mehr als nur ein paar Tropfen Wikingerblut in mir, und deshalb macht es mich umso trauriger, zu sehen, wie sich einige Länder meiner Vorfahren während dieser Pandemie verhalten haben. Es ist schlimm genug, dass Schweden beschlossen hat, all ihre Großmütter zu ermorden — aber nun kommen die Dänen auch noch mit Desinformation im Gewand wissenschaftlicher Studien, wie qualifiziert Dr. *Mackerel* auch immer behaupten mag zu sein.

Mit freundlichen Grüßen
Prof. Oisín MacAmadáin
Termonfeckin Institut für Expertise'

Und genau an dem Tag, an dem ich diese Erwiderung abschickte, las ich in den irischen Zeitungen, dass sich eine Gruppe rechter Eltern versammelt hatte, um gegen das Maskentragen von Grundschulkindern zu protestieren. Es sind Studien wie die von Dr. *Bümflüff*, die diese rechtsextremen Extremisten anheizen. Aber solche Forscher scheinen nie beunruhigt zu sein, wenn sie zu ihren Schlussfolgerungen gelangen — weder dadurch, dass sie nicht mit der Wissenschaft übereinstimmen, noch dadurch, dass sie die Impfgegner ermutigen.

Während Dr. Bumfårt vielleicht nicht „der Wissenschaft“ folgt — ich tue es ganz bestimmt. Erst gestern las ich eine Studie der Universität Cambridge (WEIT prestigeträchtiger als die Universität Kopenhagen, wenn auch natürlich weniger als das Termonfeckin Institut für Expertise — auch wenn ich das selbst sage), eine Studie, die ich wahrhaftig bewunderte, weil sie herausfinden wollte, wie Masken uns noch mehr Leben retten lassen.

Sie trug den Titel *„Gesichtsmasken-Passform-Hacks“* und stellte fest, dass jemand, der einen Abschnitt einer Strumpfhose über seiner Maske trägt, seine Viruslast um satte SIEBEN Mal reduziert. Es gibt nichts Besseres als echte wissenschaftliche Forschung, um mich in einen Zustand der Aufregung zu versetzen, und so setzte ich sofort meine Maske auf und eilte nach oben zu meiner Frau.

„Zieh deine Strumpfhose aus, Liebste!“

„Oooh, Oisín“, antwortete meine Frau. „Ich liebe es so sehr, wenn du mich so überrasch— oh, aber ... was machst du da, Oisín?“

Als ich meinen neuen Look im Spiegel bewunderte, wusste ich, dass dieser wissenschaftliche Durchbruch der cleveren Köpfe in Cambridge DRINGEND landesweit übernommen werden muss. Und so wusste ich genau, worüber ich sprechen würde, wenn ich das nächste Mal bei RTÉ, unserem nationalen Sender, auftauchen würde. Schließlich sind sie doch Vorreiter, wenn es darum geht, innovative Lösungen für diese Pandemie zu diskutieren. Ich erinnere mich gut daran, wie ich einmal ein paar Kerle in einer ihrer Sendungen sah — einer von ihnen war nicht weniger als ein Professor für Biochemie — die in riesigen Schutzblasen standen und meiner Ansicht nach völlig zu Recht sagten, sie hätten einen Weg gefunden, wie Menschen sicher zu Konzerten gehen könnten. Ich weiß also, dass die Redakteure von RTÉ dieser Idee gegenüber aufgeschlossen sein werden ... zwischen den gigantischen Blasen und der Strumpfhose werden wir es schaffen.

Ein kurzes Wort zum Thema Dating

All dieses Gerede über Strümpfe hat mich plötzlich in eine sehr verliebte Stimmung versetzt, und obwohl ich natürlich glücklich mit meiner Frau verheiratet bin, würde mein Tinder-Profil, wenn ich ein junger Mann wäre, der sich austoben möchte, folgendermaßen aussehen (ich hoffe, es kann als hilfreiche Vorlage für jeden Jugendlichen dienen, der fälschlicherweise glauben könnte, dass der Lockdown seine Chancen ruiniert hat):

> **Benutzername:** Oisínsexyness
>
> **Alter:** 22
>
> **Sucht:** Weiblich, 18–30, mindestens dreifach geboostert.
>
> **Impfstatus:** Zweifach geimpft + drei Booster
>
> Hey Liebling! Mir wurde gesagt, dass ich zu Großem bestimmt bin. Lass uns einen Zoom-Call organisieren und unsere Impferfahrungen austauschen! Solange du nicht glaubst, dass Bill dich chippen will, LOL, bin ich sicher, dass wir uns großartig verstehen werden.
>
> Schließlich: Wenn wir uns treffen — sobald der Lockdown vorbei ist — möchte ich, dass du weißt, dass ich *immer* Schutz trage, und ich hoffe, dass du auch stets deine Maske tragen wirst.

Ehrlich gesagt: Mit solchen Profilen würde man kaum etwas falsch machen.

Nein, die Pandemie führt NICHT zu psychischen Problemen bei Kindern

Ich kann beim besten Willen all diese impfgegnerischen, rechtsextremen Eltern und ihre „Bedenken" bezüglich der psychischen Gesundheit von Kindern während der Pandemie nicht nachvollziehen. Sie regen sich auf über die Auswirkungen, die Lockdown-Beschränkungen, Schulschließungen, Maskenpflicht in Schulen usw. auf ihre kostbaren kleinen Engel haben könnten. Das ist reine Verhätschelung. Aus Kindern wird nie etwas, wenn man sie in Watte packt und so tut, als gäbe es die Realität nicht. Und überhaupt — diese Kinder sind viel einfallsreicher, als ihre psychisch kranken Eltern erkennen wollen.

Man fragt sich wirklich, wo das Problem liegt. Ich meine: Stellen Sie sich vor, Sie wären Ihr sechsjähriges Ich und Ihnen würde gesagt, dass ...

- ein tödliches Virus sich schnell in jedem Land der Welt ausbreitet,
- Sie diese tödliche Krankheit jederzeit in sich tragen könnten, auch wenn Sie keine Symptome hätten, und es daher nicht wüssten — und dass Sie daher Ihre Großeltern töten könnten und sie deshalb nicht mehr sehen dürfen, zumindest nicht bis zu dem wunderbaren Tag, an dem sie geimpft sind,
- und nicht nur könnten Sie *unbeabsichtigt* Ihre Großeltern töten, sondern ebenfalls Ihre Eltern — daher ist es am besten, Umarmungen und Küsse zu unterlassen und sich von ihnen fernzuhalten, bis auch sie geimpft sind,

- aber zum Glück ist es nichts, das Sie *selbst* wahrscheinlich töten wird (viel wahrscheinlicher sind Sie für den Tod praktisch *aller anderen* verantwortlich, zumindest bis zu dem wunderbaren Tag, an dem sie alle geimpft sind),
- und dass Sie in der Schule jederzeit eine Maske tragen sollten, damit Sie Ihren Teil dazu beitragen, nicht nur Ihre eigenen Eltern und Großeltern zu töten, sondern auch die Eltern und Großeltern all Ihrer Klassenkameraden,
- aber dass Sie dann erfahren, dass es doch eine geringe, aber reale Chance gibt, dass das Virus auch *Sie* töten könnte — und Sie daher die Maske tragen müssen, um sich selbst und alle anderen in Ihrer Klasse zu schützen, andernfalls könnten Sie sie töten oder sie Sie, zumindest bis zu dem wunderbaren Tag, an dem alle geimpft sind,
- und dass Sie schließlich erfahren, dass, obwohl der wunderbare Tag gekommen ist, an dem alle geimpft werden, all das oben Genannte trotzdem weiterhin gilt.

Nun frage ich Sie: Wie um alles in der Welt könnte ein solches Szenario dazu führen, dass Kinder psychische Probleme jeglicher Art entwickeln?! Meiner Meinung nach ist das einzig mögliche Ergebnis dieser klaren Botschaften die Entwicklung verantwortungsbewusster, widerstandsfähiger und empathischer Kinder. Jeden Tag, wenn sie zur Schule gehen, sind sie sich bewusst, dass sie von einem unsichtbaren Feind infiziert sein *könnten* und potenziell jeden töten *könnten*, dem sie begegnen. Fördert das nicht ganz natürlich den Respekt vor den Grenzen anderer

Menschen? Und wenn sie in der Schule sind, verhalten sie sich ähnlich vorsichtig und vermeiden jede Form von Kontakt oder Kommunikation mit ihren

Klassenkameraden, im Wissen, dass jede Berührung das Risiko birgt, Freunde nie wiederzusehen. Ist das nicht, wie man so schön sagt, der Gipfel empathischer Fürsorge? Und schließlich wissen sie, dass auch sie selbst jederzeit vom Virus getötet werden könnten. Wahrlich — sie sind unsere kleinen Helden.

Tatsächlich gab es viele unerwartete Segnungen der Pandemie, und eine davon ist, dass wir uns wahrhaftig auf die nächste Generation freuen können — eine Generation, die altruistisch und ruhig angesichts von Widrigkeiten sein wird. Ganz so, wie *wir* es natürlich während dieser Pandemie waren. Denn ist es nicht so, dass Kinder ihre Älteren nachahmen?

Also klopfen wir uns auch selbst auf die Schulter. Die Erwachsenen im Raum (zu dieser Gruppe zähle ich NICHT die infantilen Impfgegner-Eltern, die ich oben beschrieben habe) gehen wirklich mit gutem Beispiel voran.

Das ideale Covid-Klassenzimmer: Eine Fallstudie

Was nun die Vorstellung betrifft, dass Kinder im Laufe der Pandemie eine unterdurchschnittliche Lernerfahrung gemacht hätten, so ist es eine Tatsache, dass es viele Schulen gab, die sich der Herausforderung stellten und dennoch eine ebenso gute, wenn nicht gar bessere Bildung boten als vor Beginn der Covid-Ära.

Und während ich darüber nachdachte, wie ich diesen besonderen Unsinn widerlegen könnte, fiel mir meine liebe alte Freundin ein: Frau Gretel Voopingkoff. Gretel ist

Grundschullehrerin in Deutschland — einem Land, das meiner Ansicht nach in der Bewältigung der Pandemie hervorragende Arbeit geleistet hat. Also schrieb ich ihr eine E-Mail und bat sie, mir einen Bericht über das Schulleben dort während Covid zu schicken. Was ich zurückerhielt, sollte jeden davon überzeugen, dass Covid wirklich zu einer Klassenzimmeratmosphäre führen kann, in der Bildung unsere jungen Leute zum Aufblühen bringt. Hier ist ihre E-Mail:

„Hey Oisín!

So wunderbar, wieder von dir zu hören! Ich habe deine großartige Arbeit bei der Ausrottung der Impfgegner-Propaganda verfolgt! Hoffen wir, dass es nicht mehr allzu lange dauert, bis wir sie nicht mehr ertragen müssen.

Was deine Frage zum Schulleben hier angeht, so ist es auch so wunderbar ...

Der Tag beginnt um 8 Uhr morgens, und jedes Kind kommt nacheinander nach vorne in die Klasse und gibt seinen aktuellen Impfstatus an — ob es ‚ein Stich', ‚zwei Stiche' oder ‚drei Stiche' (der sogenannte ‚super-duper Dreifach-Booster') ist. Diejenigen mit einem Stich erhalten höflichen Applaus, während sie ermutigt werden, ihre Wege zu ändern; diejenigen mit zwei Stichen werden enthusiastisch beklatscht; und diejenigen mit drei Stichen ... nun, wir alle spielen das Gänsemarschspiel (ein altes Spiel, das wir hier in Deutschland haben, ein bisschen wie euer Ringelreihen) und grüßen einander auf traditionelle Weise. Wenn sie allerdings sagen, dass sie ungeimpft sind, bleiben wir alle totenstill und starren sie an.

Leider gibt es in meiner Klasse immer noch vier ungeimpfte Schüler (ihre Eltern sind „Impfgegner", igitt!), und so haben wir den Raum aufgeteilt und stellen sicher, dass sie jederzeit getrennt gehalten werden. Außerdem müssen alle geimpften Schüler nur eine Maske tragen, während die impfgegnerischen Kinder drei Masken sowie Schutzanzüge tragen müssen. Das bedeutet, dass sie mich nicht hören und daher nichts lernen können, aber das Wichtigste, was sie lernen müssen, ist der Irrtum ihrer Wege.

Wir haben auch ein neues Alarmsystem installiert, das sehr spezifische Geräusche erkennen kann — nämlich Niesen und Schniefen. Wenn ein Schüler schnieft, geht der Alarm durch die ganze Schule: ‚Achtung, Achtung! Verdacht auf virale Präsenz!' Dann müssen alle Schüler genau dort bleiben, wo sie sind, während unsere spezialisierte Covid-Schutzeinheit den Ort des Schniefens identifiziert. Dann wird dieser Schüler und alle anderen in seiner Klasse, ob geimpft oder nicht, in ein spezielles Lager gebracht.

Also, alles in allem, Oisín, ist das Unterrichten die gleiche Freude wie eh und je!

Mit freundlichen Grüßen und einer elektronischen (und damit sozial distanzierten) Umarmung,

Gretel"

Das ist wirklich wunderbares Material, das uns zeigt, was alles möglich ist, nicht wahr? Wie könnte jemand ernsthaft behaupten, dass eine solche Klassenzimmeratmosphäre etwas anderes als eine absolut brillante Lernerfahrung bieten könnte? Damit Kinder effektiv lernen können, müssen sie sich sicher fühlen und den Herausforderungen dieser neuen Welt gewachsen sein — und dieser Ansatz erfüllt beide Kriterien. In der Tat müssen wir alle dieses Modell kopieren!

Und dann wären alle bis auf die hartnäckigsten Impfgegner-Eltern gezwungen zuzugeben, dass das Bildungssystem um mehr als nur ein paar Stufen aufgestiegen ist — und dass, wenn sie möchten, dass ihre Kinder davon profitieren und aus diesen Schutzanzügen herauskommen ... nun, dann ist es Zeit für die Spritze. Aber ehrlich gesagt bezweifle ich, dass sie solche Verbesserungen überhaupt erkennen würden ... schließlich sind sie der Typ Mensch, der im Dreck liegt, während der Rest von uns alle träumt — oder was auch immer George Bernard Shaw einmal sagte.

Da haben Sie es also, Leute ... kein vernünftiger Mensch würde jemals behaupten, dass unser tägliches Leben oder das Leben unserer jungen Nachkommen durch die Pandemie negativ beeinflusst worden sei. Masken zeigen uns, wie sehr wir uns umeinander kümmern, und unsere Kinder wachsen in einer Atmosphäre gesellschaftlicher Liebe und Mitgefühl auf, wie sie noch nie zuvor erlebt wurde.

Also: Lasst uns alle auf den Lockdown und die Geschenke, die er uns gebracht hat, anstoßen! Hipp hipp, hurra!

Aber wie, lieber Leser, sollten Sie mit Impfgegnern umgehen, wenn Sie ihnen in Ihrem Alltag begegnen? Zum Beispiel, wenn Sie in ein Café gehen, nur um an jemandem vorbeizukommen, der murmelt: „Glück für dich, dass du da rein darfst!“ — welche Art von Erwiderung sollten Sie geben? Wie, in der Tat, sollten Sie sie faktenchecken?

Nun — genau das ist das Thema des nächsten Kapitels ... und so geht es weiter!

3

KAPITEL DREI: OISÍNS LEITFADEN ZU...

FAKTENPRÜFUNG

Das große Problem mit dem Internet ist, dass jeder alte Spinner schreiben und veröffentlichen kann, was zum Teufel er will (und das ist in der Tat einer der Gründe, warum ich motiviert war, dieses Buch zusammenzustellen).

Und wenn es um die Pandemie geht, ist Fehlinformation in vollem Umfang präsent und verbreitet sich schneller und gefährlicher als Covid selbst. Glücklicherweise wurden die guten Leute bei allen großen Technologieunternehmen frühzeitig auf die Gefahr aufmerksam und bildeten ganze Armeen von Fehlinformations-Spürern und Faktenprüfern aus. Diese hervorragenden Kerle und Mädels stellen bei all den Mythen, die verbreitet werden, die Dinge richtig. Und, Junge, sind die schlau. Ich weiß nicht genau, welche Art von Ausbildung sie haben, aber es würde mich nicht überraschen, wenn sie nicht zumindest einen Doktortitel in Virologie oder Ähnlichem erfordern. Jedenfalls ist der Punkt: Diese Leute kennen sich wirklich aus — dessen können wir sicher sein.

Und wir sollten alle dankbar für ihre Bemühungen sein. Wussten Sie, dass YouTube bis Redaktionsschluss über 1 Million Videos entfernt hatte, die Covid-Fehlinformationen verbreiteten? Das sind 1 Million Videos, die die Vorzüge von Bleichmittel oder die „Gefahren" von 5G preisen und die nun niemals jene unter uns erreichen werden, die die beeinflussbareren und weicheren Gemüter haben. Oder dass Facebook unzählige jammernde Impfgegner entfernt hat, die behaupteten, nach ihrer Impfung einen Herzinfarkt gehabt zu haben oder gestorben zu sein oder was auch immer? Wie die Gruppe von **120.000** solcher rechtsextremen Personen, die einfach so gelöscht wurde.

Aber hier ist das Entscheidende: Man muss kein Top-Experte wie ich oder ein Angestellter von Facebook sein, um zu wissen, wie man Dinge faktenprüft. Tatsächlich kann es jeder tun. Lassen Sie mich Ihnen einen kurzen Leitfaden geben, damit auch Sie die Covid-Leugner in Ihrem Leben faktenprüfen können.

Im Allgemeinen umfasst die Faktenprüfung eine der folgenden drei Strategien:

1. **Darauf hinweisen, dass die *EXPERTEN* mit den Fehlinformationen nicht einverstanden sind**
2. **Darauf hinweisen, dass die Person, die die Fehlinformationen verbreitet, tatsächlich ein Spinner ist**
3. **Darauf hinweisen, dass, selbst wenn die Fehlinformation korrekt ist, sie trotzdem nicht wahr ist**

Schauen wir uns nun die folgenden Beispiele an. Versuchen Sie zu erkennen, welche Strategie ich bei jeder Faktenprüfung anwende (manchmal verwende ich mehr als eine!). Ich hoffe, diese können als Vorlagen dienen, die Sie an jede Situation anpassen können, die Sie für passend halten.

Anti-Impf-Behauptung Nr. 1: *Lockdowns verursachen mehr Schaden als Nutzen*

Faktenprüfung: Eine typische Behauptung von Lockdown-Gegnern ist, dass diese mehr Schaden anrichten als verhindern — insbesondere durch wirtschaftliche Einbußen, den Verlust von Lebensgrundlagen, psychische Belastungen und eine verschlechterte Versorgung anderer Gesundheitszustände. EXPERTEN an der Universität für EXPERTISE, gelegen im EXPERTENLAND, vertreten jedoch eine andere Ansicht.

Ihre Studie „*Lockdowns sagen eine erhöhte positive psychische Gesundheit aufgrund der Zunahme der Zeit, die mit Faulenzen und dem Essen von Fertiggerichten verbracht wird, voraus: Eine qualitative Analyse*" deutet beispielsweise darauf hin, dass Lockdowns tatsächlich zu gesteigerten Glücksniveaus in der gesamten entwickelten Welt geführt haben.

In der Zwischenzeit schlägt Herr Extrem Klug von der Intelligenten Universität vor, dass ... und so weiter.

Anti-Impf-Behauptung Nr. 2:

Der Erfinder der mRNA-Impfstofftechnologie, Robert Malone, sagt, es gebe Sicherheitsbedenken bei den mRNA-Impfstoffen

(Beachten Sie hier besonders die Verwendung von Fußnoten und Anführungszeichen bei dieser Strategie — diese können sehr hilfreich sein.)

Faktenprüfung: Dr. Robert Malone, ein ehemaliger

Wissenschaftler und nun Vollzeit-Impfgegner, *„behauptet“*, die mRNA-Impfstofftechnologie während seines Studiums *„erfunden“* zu haben, obwohl dies umstritten ist.[1]

Er ist dafür bekannt, Impfstoff-Fehlinformationen zu verbreiten, bis Twitter sein Profil entfernt hat.

Eine Forschungsstudie der Universität WMS (Woke Medical School) kam zu dem Schluss, dass Bartwuchs, weiße Haut und Männlichkeit — alles Merkmale, die Dr. Malone zufällig teilt — stark mit dem Risiko verbunden sind, ein Impfgegner zu werden.

Im Gegensatz zu Dr. Malones Ansicht erklären die meisten Experten, dass mRNA-Impfstoffe extrem sicher sind und von jedem Menschen von Geburt an mindestens zehnmal eingenommen werden sollten.

Anti-Impf-Behauptung Nr. 3:

VAERS (Vaccine Adverse Event Reporting System) zeigt, dass bis Ende Juni 2022 über 29.000 Menschen nach einer Covid-Impfung gestorben sind

Faktenprüfung: Die Verwendung von VAERS-Daten zur Behauptung, die Covid-Impfstoffe seien gefährlich, ist eine gängige Taktik von Impfgegnern. VAERS ist jedoch ein Selbstmeldesystem und unterliegt nicht den strengen wissenschaftlichen Maßnahmen, die in klinischen Studien angewendet werden — Studien, die eindeutig gezeigt haben, dass die Impfstoffe sicher und wirksam sind.

Die Berichte über 29.000 Todesfälle in der VAERS-Datenbank beweisen nicht, dass die Covid-Impfstoffe gefährlich sind: Sie zeigen lediglich, dass 29.000 Menschen zufällig kurz nach ihrer Impfung gestorben sind.

Der Tod ist ein statistisch häufiges Phänomen, wie Experten in den meisten Populationen festgestellt haben.

Daher ist es nicht überraschend, dass im Rahmen eines Massenimpfprogramms eine kleine Anzahl von Menschen in den Tagen nach ihrer Impfung zufällig stirbt.

Anti-Impf-Behauptung Nr. 4:

Bestimmte Gruppen sind einem höheren Covid-Risiko ausgesetzt als andere

Faktenprüfung: Covid-Leugner behaupten typischerweise, dass ältere, gebrechliche Menschen sowie Personen mit bestimmten Vorerkrankungen wie Diabetes oder Herzerkrankungen am ehesten ein negatives Covid-Ergebnis haben werden.

Während das mittlere Sterbealter bei Covid tatsächlich 83 Jahre beträgt und weniger US-Kinder und Jugendliche an Covid gestorben sind als an einer normalen Grippe, sind sich Experten dennoch einig:

Prof. Nadir Jibjab erklärt:

„Lassen Sie mich ganz klar sein ... es gibt keine Gruppe, die nicht 'gefährdet' ist durch Covid: Die Alten, die Jungen, Säuglinge, sogar Föten können alle ein sehr, sehr, sehr, sehr, sehr SCHLECHTES Ergebnis haben."

Eines der Hauptprobleme bei Impfgegnern, die diese Idee verbreiten, ist, dass sie das Konzept der „Risikostratifizierung" fördern — also die Identifikation unterschiedlicher Gesundheitsrisiken verschiedener gesellschaftlicher Gruppen und die Entwicklung spezifischer Strategien für jede Gruppe.

Dieser Ansatz ist nicht nur diskriminierend und altersfeindlich — er könnte manche Leute sogar dazu bringen, den Wert allgemeiner Lockdowns in Frage zu stellen.

Prof. Jibjab fährt fort:

„Es ist sehr wichtig, dass die Menschen verstehen, dass

die Schließung aller Geschäfte, Cafés, Restaurants, niemanden zu sehen und niemals das eigene Zuhause zu verlassen — all das sind Instrumente, die auf der stärksten Wissenschaft basieren."

Anti-Impf-Behauptung Nr. 5:

Die Verbesserung der natürlichen Immunität ist ein wirksamer Weg, ein negatives Covid-Ergebnis zu reduzieren

Faktenprüfung: Viele Impfgegner behaupten, dass ein gesundes Immunsystem in der Lage sei, Covid abzuwehren. Diese Art von „natürlicher Gesundheitsverzerrung" rührt wahrscheinlich daher, dass Impfgegner sich typischerweise für alternative und schlecht regulierte Gesundheitskuren wie Erdung, Kristallheilung oder Darmreinigungen interessieren.

Experten weisen jedoch darauf hin, dass das Immunsystem — außerhalb des Kontexts der Impfung — nicht mehr so zentral für die Gesundheit des Körpers ist wie einst angenommen. Tatsächlich hatten viele, die an Covid gestorben sind, ebenfalls Immunsysteme.

Die meisten Experten glauben daher, dass es am besten ist, wenn sich jeder Mensch mindestens einmal alle drei Monate impfen lässt.

Anti-Impf-Behauptung Nr. 6:

Nicht alle Covid-Todesfälle werden durch Covid verursacht

Faktenprüfung: Eine von Impfgegnern verbreitete Idee ist, dass die Covid-Todeszahlen übertrieben seien, weil die Art und Weise, wie sie gezählt werden, zu breit gefasst sei.

Zum Beispiel kann jemand, der ausschließlich an Krebs stirbt, als Covid-Todesfall registriert werden, wenn er im

Vormonat eine milde oder asymptomatische Infektion hatte. Impfgegner behaupten daher, man müsse zwischen „mit Covid" und „an Covid" unterscheiden.

Prof. Hubert Müzzleup vom Institut für Null (wie in: Absolut Null) Covid-Studien widerspricht dem energisch:

„Das ist absolut abwegig. Nehmen Sie sogar ein Szenario, in dem jemand vom Fahrrad fällt ... woher wissen wir, dass nicht ein Covid-induzierter Niesanfall dazu führte, dass er die Kontrolle über den Lenker verlor und somit direkt zu seinem Ableben beitrug? Covid ist zu allerlei Unsinn fähig, und in diesem Punkt ist die Wissenschaft ganz klar, lassen Sie es mich Ihnen sagen."

Also, da haben Sie es, Leute — Oisíns Leitfaden zur Faktenprüfung. Es ist wirklich ein Kinderspiel. Wenn Sie also das nächste Mal mit den lächerlichen Dingen konfrontiert werden, die Covid-Leugner sich ausdenken, passen Sie einfach eine dieser Strategien an, und schon sind Sie startklar.

Sie werden sprachlos sein, das kann ich Ihnen versprechen!

Aber natürlich erkenne ich an, dass nicht alle meine Leser der Durchschnitts-Joe sein werden (oder der Durchschnitts-Brandon — was das angeht, wobei er selbstverständlich in keiner Weise durchschnittlich wäre!). Ich zweifle nicht daran, dass einige von Ihnen Journalisten bei den angesehensten Zeitungen sein müssen, wie The New York Times oder The Washington Post — und natürlich weiß ich mit Sicherheit, dass alle meine Mitarbeiter bei The Termonfeckin Tribune (deren Herausgeber ich bin) dieses Buch lesen werden, um sicherzustellen, dass sie ihre Standards hochhalten.

Daher wollte ich auch einen Leitfaden für diejenigen unter Ihnen aufnehmen, die die öffentliche Meinung auf gesellschaftlicher Ebene prägen … dieser nächste Abschnitt ist für Sie!

Und so weiter zu meinem Leitfaden zu …

BERICHTERSTATTUNG ÜBER COVID IN DEN MEDIEN

Okay, kommen wir zur Sache. Es folgt eine Liste von sieben goldenen Regeln für die Berichterstattung über die Pandemie. (Natürlich ist diese Liste nicht erschöpfend; in Wahrheit gibt es Hunderte solcher Regeln, aber damit dieses Buch nicht zu einem mächtigen Wälzer wird, habe ich sie auf die wesentlichsten reduziert.)

Regel 1: Wenn eine Regierung eine oder mehrere Beschränkungen aufhebt oder auch nur vorschlägt, darauf hinweisen, dass Experten überall dies für eine schreckliche Idee halten

Beispiel:

'Boris Johnson hat Pläne für den "Freedom Day" des Vereinigten Königreichs angekündigt, an dem alle Covid-Beschränkungen aufgehoben werden und das Vereinigte Königreich in eine neue Phase des "Lebens mit dem Virus" eintreten wird. Experten jedoch (fügen Sie je nach gewünschtem Effekt eines der folgenden ein) raten / warnen / flehen / bitten auf Knien den Premierminister, diesen Kurs nicht einzuschlagen. Ein Brief wurde von 241 / 4.300 / 2,1 Millionen Experten unterzeichnet, die vorausgesagt haben, dass der "Freedom Day" dazu führen wird, dass 500.000 / 18 Millionen / jeder im Vereinigten Königreich und der ganzen Welt innerhalb weniger Wochen infiziert wird, zusammen mit einer signifikanten / enormen / wahrhaft biblischen Todeszahl.

Dr. Smärtz Aleks, einer der Mitunterzeichner des Briefes, sagte: "Was meint er mit 'Leben mit dem Virus'? Die bloße Vorstellung ist absurd. Man lebt nicht mit diesem Virus, man stirbt einfach daran, und das war's."'

Regel 2: Wenn eine Regierung Beschränkungen aufhebt oder auch nur vorschlägt, darauf hinweisen, dass gewöhnliche Menschen überall auch dies für eine schreckliche Idee halten

Beispiel:

'Boris Johnson hat Pläne für den "Freedom Day" des Vereinigten Königreichs angekündigt. Die Reaktion auf den Straßen von Exmouth in Devon war jedoch besorgniserregend.

Miriam, eine pensionierte Friseurin, war mit der Ankündigung des Premierministers alles andere als glücklich. "Nun, sie könnten uns genauso gut die Armee schicken, um uns alle zu ermorden und es hinter uns zu bringen!", sagte sie.

Diese Ansicht wurde von Tim, einem lokalen Stadtrat, geteilt: "Aber wir hatten noch nicht unseren sechsten Booster. Wie kann diese Entscheidung überhaupt sicher sein? Es ist Wahnsinn!"'

Regel 3: Wenn Impfgegner protestieren, hervorheben, wie randständig, verschwörerisch, seltsam, potenziell gefährlich, zahlenmäßig klein und generell nicht repräsentativ sie sind

Beispiel:

'Die Invasion Ottawas durch Lastwagenfahrer, die für "Freiheit" kämpfen, hat ihren elften Tag erreicht. Insgesamt waren 12 Lastwagenfahrer anwesend.

Eine von ihnen, Margery, die lila Haare hatte, eine Katze unter jedem Arm trug und ein Plakat mit den Worten "5G ist der Impfstoff!" schwenkte, sagte: "Wir sind einfach friedliebende Kanadier, die unser Land zurückhaben wollen!", bevor sie einen Revolver zog und einige Schüsse in Richtung Regierungsgebäude abfeuerte.

Die kanadische Regierung steht unter zunehmendem Druck, entschlossen gegen den "Freiheits"-Konvoi vorzugehen, der nach eigenen Angaben auch für "körperliche Autonomie" und "unveräußerliche Menschenrechte" kämpft. Der Protest findet zu einer Zeit statt, in der Versammlungen von mehr als einer Person immer noch illegal sind und daher ein Superspreader-Ereignis darstellen könnten, das letztendlich den Fortschritt gefährden wird, den die Regierung beim Versuch, Leben zu retten, erzielt hat.'

Regel 4: Niemals, wirklich niemals, einen Impfgegner-Brief in Ihrer Zeitung veröffentlichen

Sobald Sie wissen, dass er von einem Impfgegner stammt, gar nicht weiterlesen. Legen Sie ihn stattdessen sofort in einen separaten Ordner mit dem Titel "Spinner".

Beispiel eines nicht zu veröffentlichenden Briefs:

'Sehr geehrter Herr,

Wir, vom Zentrum für bürgerliche Freiheiten, sind zunehmend besorgt über die Entziehung grundlegender Rechte durch die Regierung, wie sie durch die Verfassung garantiert sind...'

Beispiel eines zu veröffentlichenden Briefs:

'Sehr geehrter Herr,

Ich war entsetzt, als ich neulich zum Friseur ging und erfuhr, dass meine Haare von jemandem geschnitten wurden, der ungeimpft ist (und, schlimmer noch, stolz darauf!). Ich hielt den Mund, um keine ihrer Tröpfchen einzuatmen, und sitze derzeit in meinem Auto vor der nächsten A&E, damit ich es nicht weit habe, wenn der Moment kommt. Meine Friseurin sollte sich schämen, und ich finde, sie und ihresgleichen sollten für immer eingesperrt werden, anstatt uns alle potenziell zu ermorden.

Mit freundlichen Grüßen, etc.

Maggie O'Muirahertaighach

In ihrem Auto vor dem St. Jimmy's Hospital, Dublin.'

Regel 5: Wenn Sie einen Impfgegner interviewen müssen, stellen Sie sicher, dass er mindestens fünf der folgenden Kriterien erfüllt

1. Sie praktizieren einen ganzheitlichen Gesundheitsberuf wie Aromatherapie oder Reiki und glauben, dass dies Krebs heilt.
2. Sie sind Christ.
3. Sie glauben, dass die US-Wahlen gestohlen wurden, dass die Unruhen am Capitol von Antifa

organisiert wurden und dass Trump wunderbar ist.

4. Ihre Online-Spur führt zu Rand-Websites, auf denen sie Nazi-Ideen geäußert haben; idealerweise haben sie ein sichtbares Hakenkreuz-Tattoo.
5. Sie glauben, dass die Welt von "den Illuminaten" regiert wird, die wahrscheinlich Außerirdische sind.

Regel 6: Bei angeblichen "Impfschäden" stets reichlich Anführungszeichen verwenden

Beispiel:

'Candy, eine 26-jährige Frau aus Dallas, "behauptet", nach ihrer zweiten Impfung das "Guillain-Barré-Syndrom", eine "seltene neurologische Störung", entwickelt zu haben. Sie glaubt, dass ihre Symptome Episoden von "nahezu vollständiger Lähmung", "schwerer Muskelschwäche" und "Schluckbeschwerden" umfassen. Sie sagt, dass ihre anfängliche Reaktion "lebensbedrohlich" war und "einen Krankenhausaufenthalt von drei Wochen erforderte".

Dennoch ist sie immer noch begeistert, dass sie die Impfung erhalten hat. "Was tun Sie da?! Nein, natürlich, natürlich! Ich bin so begeistert, die Impfung bekommen zu haben! Überglücklich, tatsächlich! Ich meine, die Guillain-Barré-Seite der Dinge, das ist völlig beherrschbar, und da Omikron jeden Moment kommt, bin ich so froh, dass ich das Schlimmste davon verschont bleibe... können Sie diese Waffe jetzt bitte weglegen?"'

Regel 7: Bei erhöhter Nicht-Covid-Mortalität immer betonen, dass das Impfprogramm keinesfalls verantwortlich sein kann

Beispiele:

'Experten warnen, dass die erhöhte Herzinfarktrate bei Männern mittleren Alters auf gesteigerte Angst vor einem Herzinfarkt zurückzuführen ist.'

'Mangelnde Mundhygiene wahrscheinlich Ursache für erhöhte Herzmuskelentzündungen bei jungen Männern, sagt Experte (und wer sind wir, ihn anzuzweifeln).'

'Führender Forscher deutet an, dass steigende Schlaganfallzahlen auf zunehmende Haustierallergien zurückzuführen sind.'

Und so weiter.

Also gut, das war mein Leitfaden, um über Covid in der Presse zu sprechen. In gewisser Weise weiß ich nicht, warum ich ihn geschrieben habe. Schließlich haben die Medien überall solche Regeln schon immer befolgt. Aber was ich weiß, ist, dass wir uns in einem Kampf der Ideen befinden und wir alle unseren Teil dazu beitragen müssen – sei es, am einen Ende der Skala, jemanden in einer Ihrer WhatsApp-Gruppen faktenzuprüfen, oder, am anderen Ende, einen Meinungsartikel für The Guardian zu schreiben.

Tatsächlich, wenn wir die Geschichte betrachten, ist es immer die Seite, die danach strebt, die Dummen im Raum daran zu hindern, ihre Meinung zu äußern, die letztendlich gewinnt. Und wir müssen jetzt auch gewinnen, denn, Herr hilf uns, die Menschen können heutzutage wirklich dümmer sein als je zuvor.

Ich würde es Ihnen nicht verübeln, wenn Sie nach dem Lesen dieses Kapitels etwas niedergeschlagen wären. Ist es nicht deprimierend, dass wir den Leuten überhaupt sagen müssen, wie sie denken sollen? Warum sind manche Menschen einfach nicht so mental verbunden wie der Rest von uns?

Es ist also an der Zeit für wirklich gute Nachrichten, während wir uns unserem nächsten Kapitel nähern. Tatsächlich sind die meisten Regierungskabinette auf der ganzen Welt zum Glück sehr gut informiert und haben auf diese Pandemie auf die wissenschaftlichste Weise reagiert, die möglich ist.

Gönnen wir uns also jetzt die Crème de la Crème dieser letzten Jahre und die Lockdown Hall of Fame!

Zuerst: das Land der Heiligen und Gelehrten, mein eigenes wunderschönes Land, die Grüne Insel....

4

KAPITEL VIER: DIE RUHMESHALLE DES LOCKDOWNS

Irland: Eine Modellfallstudie – Wahrscheinlich der beste Lockdown der Welt!

Wie alle stolzen Iren glaube ich, dass Irland so ziemlich in allem das Beste ist, und unser Umgang mit Covid-19 – oder "dem Covid", wie wir es hier liebevoll nennen – war keine Ausnahme.

Zur Halbzeit der Pandemie erinnere ich mich gut daran, ein Video der tapferen Mitglieder der Gardaí (unserer nationalen Polizeibehörde; für jene meiner Leser, die noch nicht das Vergnügen hatten, ein wenig Irisch zu lernen) gesehen zu haben, wie sie einen evangelischen Pastor in Dublin während seines Sonntagsgottesdienstes verhafteten. Dieser Pastor verstieß schamlos gegen die Covid-Gesetze, die zu diesem Zeitpunkt alle persönlichen Gottesdienste verboten, und er redete im Video immer wieder von seinem "verfassungsmäßigen Recht auf Religionsausübung" oder ähnlichem Unsinn. Die Frechheit! Zum Glück duldeten die Gardaí dieses Benehmen nicht: Er wurde in den Wagen gesetzt und ins nächste Gefängnis gebracht. Was dachte der

Mann? Dass er uns ALLE in Gefahr bringen darf? Immerhin waren erst am Tag zuvor zwei Menschen an Covid gestorben.

Bizarrerweise kritisierten damals einige Leute diese Kriminalisierung des gemeinschaftlichen Gottesdienstes und wiesen darauf hin, dies bringe Irland zu nahe an Länder wie Saudi-Arabien oder Nordkorea heran. Ehrlich, wie rassistisch kann man sein?! Ich persönlich finde, dass die irische Regierung in diesem Fall zu 100 % richtig gehandelt hat. Wir alle wissen, dass religiöse Gruppen dazu neigen, sich "ein wenig hinreißen zu lassen", herumzuspringen und aus voller Kehle Loblieder zu singen. Tatsächlich würde es mich wenig überraschen, wenn eine Studie eines Tages bestätigt, dass sie die schlimmsten Krankheitsverbreiter sind (nach den Ungeimpften, versteht sich). Nun, das gilt jedenfalls unter Evangelikalen, aber selbst unter den eher zurückhaltenden irischen Katholiken ist klar, dass die Messe eine tickende Zeitbombe für die öffentliche Gesundheit ist. Denken Sie nur an den Teil der Liturgie, in dem sie alle im Gänsemarsch zum Priester watscheln, um die heilige Kommunion zu empfangen. Was, wenn der Priester Covid hat? Können Sie sich die Schlagzeile vorstellen: "Einzelner Priester tötet gesamte Gemeinde bei schockierendem Superspreader-Ereignis"? Nein, Online-Gottesdienste waren der einzige Weg.

Jedenfalls erfüllte mich die Reaktion der irischen Behörden auf Covid von Anfang an mit Stolz. Tatsächlich gründete die Regierung bereits im März 2020 eine Expertengruppe, um die beste Vorgehensweise zu erarbeiten. Diese Gruppe hieß National Public Health Emergency Team – NPHET (alle sprachen NEPHET aus, was ein wenig altägyptisch klingt und daher ziemlich cool ist, so wie Nofretete oder Nebukadnezar). Gut, es ist nicht das Akronym, das ich gewählt hätte. Ich bevorzuge Abkürzungen, die auch als Wort etwas bedeuten, so wie SAGE im Vereinigten Königreich. Im Nachhinein wäre vielleicht etwas wie COMPLY besser gewesen ("Committee for Overseeing this Monstrous Pandemic and the Lies which Yobbos will come up with about it" - *Übersetzung: „Ausschuss zur Überwachung dieser monströsen Pandemie und der Lügen, die Rowdys darüber verbreiten werden"*), aber das merken wir uns für das nächste Mal.

Wie dem auch sei, NPHET hat großartige Arbeit geleistet. Jede Verordnung basierte auf der besten verfügbaren Wissenschaft. Zum Beispiel durften Bürger den Großteil der Pandemie über nur 5 km von ihrem Wohnort entfernt reisen, es sei denn, es handelte sich um einen wesentlichen Zweck. Wenn Sie nicht der hellste Kopf wären, könnten Sie sich fragen, ob jemand, der etwa 9 km entfernt fährt, tatsächlich eine Gefahr für die öffentliche Gesundheit darstellt – er sitzt ja in einem abgeschlossenen Raum, könnte überall Abstand halten etc. Aber was, wenn er irgendwann das Fenster öffnet und, plötzlich überglücklich über die Neuheit der Umgebung, U2s "It's a Beautiful Day" aus voller Kehle brüllt – und ein infiziertes Tröpfchen vom Wind auf eine kleine alte Dame an der Bushaltestelle getragen wird, die kurz darauf auf der Intensivstation landet? Denken die Zweifler überhaupt jemals solche Szenarien zu Ende? Natürlich nicht. Und deshalb sollten wir dankbar sein, dass NPHET uns verdammt klar gesagt hat, was wir zu tun hatten.

Und diese Regel galt für alle – auch für jene, die auf dem Land lebten. Die Dreistigkeit mancher Landbewohner zu glauben, sie sollten von der 5-km-Regel ausgenommen sein! Ja, sicher, sie leben an einem abgelegenen Ort, keine Menschenseele weit und breit, minimales Risiko, und warum sollten sie nicht an den 8 km entfernten Strand fahren... diese egoistischen Bastarde. Wir wissen alle, dass Landbewohner dazu tendieren, ein wenig einfach gestrickt zu sein. Die Wissenschaft könnte eines Tages zeigen, dass Covid von Schafen, Pferden oder anderen Tieren übertragen wird, mit denen diese Leute ständig hantieren. Das nächste wäre dann das Crazy Sheep Covid Syndrome (CSCS - Übersetzung: „Verrücktes Schaf-Covid-Syndrom", VSCS), noch schlimmer als BSE. Wir wissen es nicht – und deshalb müssen wir planen. In diesem Licht ist die Regel auf dem Land genauso sinnvoll wie in der Stadt.

Während die Regierung mein Herz erwärmte, wurde diese Bewunderung nur noch übertroffen von meiner Hochachtung für die irischen Medien, insbesondere RTÉ. Sie haben hervorragende Arbeit geleistet, uns daran zu erinnern, welche Art von Teufelei Covid gerade trieb. Ich erinnere mich, wie ich eines Morgens völlig unschuldig zu meiner Frau sagte: "Liebling, schaltest du bitte Covid Radio 1 ein?" – "Covid Radio 1, Oisín? Meinst du RTÉ Radio 1, Schatz?" "Oh ja, wie dumm von mir!"

Die Qualität der Berichterstattung war phänomenal. Aus dem Gedächtnis ein Beispiel für einen ihrer Berichte:

> "Willkommen zu den Nachrichten um 1 mit Sharon Ní Baol-dom. NPHET hat einen besorgniserregenden Anstieg der Covid-Fälle bei Teenagern und Kindern gemeldet, wobei 55 % der 2.641 neuesten bestätigten Fälle auf diese Gruppe entfallen. Wir schalten jetzt zu unserem Reporter, Cormac Scaoillmhóir. Cormac?"
>
> "Ja, Sharon. Ich befinde mich hier an der Schule 'Unsere Liebe Frau der Verlorenen Fälle' in Drimnagh – und was für ein passender Name, nach dieser jüngsten Tragödie. Drei der 123 Schüler wurden hier kürzlich positiv

getestet, und deshalb hat der Schulvorstand beschlossen, die Schule für mindestens die nächsten drei Monate zu schließen. Ich werde hier von Séamus begleitet, einem Freund von jemandem, der Covid-19 hatte. Séamus wurde vor diesem Interview PCR-getestet und war negativ. Séamus, erzählen Sie uns von Ihrem Freund Rory."

"Ja, äh, nun, Rory, er hatte ein bisschen Schnupfen, so ungefähr."

"War es ein schlimmer Schnupfen, Séamus?"

"Ja, seine Nase war voller Schleim. Es war echt ekelhaft."

"Ich verstehe. Das klingt sehr schlimm. Nun, Sharon, wie Sie hören können, ist dies nicht nur eine Krankheit, die sehr alte Menschen betrifft, sondern auch sehr junge und ansonsten gesunde. Die Besorgnis unter Eltern steigt, und viele fordern inzwischen die Schließung aller Schulen auf unbestimmte Zeit. Zurück zu Ihnen ins Studio."

Das ist rücksichtslos mutige Berichterstattung, schlicht und einfach.

Und auch die Regierung traf einige rücksichtslos korrekte Entscheidungen. Zum Beispiel führte sie zur Halbzeit der Pandemie eine obligatorische Hotelquarantäne ein, wobei Ankömmlinge aus bestimmten Ländern gezwungen waren, auf eigene Kosten zwei Wochen in einem Hotel außerhalb des Flughafens Dublin zu verbringen. Bemerkenswert ist, dass sich die Regierung nicht auf Länder konzentrierte, die man erwarten würde – wie Frankreich oder Deutschland –, sondern auf Orte wie Angola, Ruanda, Kolumbien und andere Länder ohne direkte Verbindung nach Irland. Wenn unsere Beamten der Meinung waren, dass gerade von dort schniefende Horden kommen könnten, dann folgten sie der Wissenschaft. Außerdem erkannte die Regierung die Gefahr weltbedrohlicher Ausbrüche selbst aus den unwahrscheinlichsten Quellen – winzigen Ländern wie Monaco, Andorra und San Marino. Sicher, in San Marino (33.000 Einwohner) gab es typischerweise nur 25 Fälle pro Woche. Das sind 25 mögliche Besucher. Solche Maßnahmen retten Leben. Und vergessen wir nicht: San Marino hat uns im Fußball einst ein Tor geschossen. Rache ist süß.

Insgesamt war Irlands Pandemiebekämpfung wirklich wunderbar.

Es gab allerdings einige Schönheitsfehler. Ein übler Geselle namens "Ivor look at the data Cummins" verbreitete wöchentlich verschwörerischen Unsinn auf YouTube. Oh, was hätte ich nicht alles dafür gegeben, ihn mit einem Sliothar (*ein Stock, der in einer traditionellen irischen Sportart verwendet wird*) zu "debattieren"! Und dann gab es natürlich rechtsextreme Demonstranten in Dublin. Das war nicht nur unsportlich, sondern auch gefährlich – und die Gardaí konnten sie nicht einmal ordentlich durchprügeln, da die Impfkampagne noch nicht begonnen hatte.

Trotz allem waren die Iren insgesamt wissenschaftlich sehr gut informiert, und ich fordere alle Regierungen auf, unseren Ansatz zu kopieren – wahrscheinlich den besten der Welt. Wir schlagen nun einmal traditionell über unser Gewicht, und Covid war keine Ausnahme.

Allerdings – und ich sage es nur widerwillig – machte ein Teil von mir sich Gedanken, als ich erfuhr, dass es einen anderen Ansatz gab… einen Ansatz, der so nah an Utopia klingt wie nur möglich (ein "Covidopia", wenn man so will). Ein Weg, bei dem niemand jemals Covid bekommt, niemand jemals stirbt und alle für immer sicher bleiben. Zero Covid. Ein Leben lang jeden Kontakt vermeiden und alle vier Monate impfen – so einfach! Und so narrensicher! Nur wenige mutige Orte haben diesen Weg gewählt.

Einer davon war…

Australische Covid-Grenzpolitik

Die Australier verfolgen auch den richtigen Ansatz, wenn es darum geht, die Feinde der öffentlichen Gesundheit Nr. 1 – auch bekannt als die Ungeimpften – fernzuhalten. Nehmen wir den Fall des inzwischen berüchtigten Herrn Novak Djokavic. Oder sollte ich sagen: Herrn NoVAX Djokavic. Oder vielleicht sogar Herrn NoVAX (was für ein totaler) JOKEavic.

Was ich am meisten am Ansatz der australischen Regierung bewundere, ist, dass sie die Sicherheit ihres Volkes um JEDEN Preis verteidigte. Die Tatsache, dass Herr NoVAX eine Impfbefreiung und die Erlaubnis erhalten hatte, am Turnier teilzunehmen, hinderte die australische Grenzschutzbehörde dennoch nicht daran, ihn sofort bei seiner Ankunft festzuhalten und ihn bis zu seiner Abschiebung in einem Quarantänehotel unterzubringen. Und als Herr NoVAX dann auch noch die Dreistigkeit besaß, diese Entscheidung anzufechten und seinen Gerichtsprozess sogar zu gewinnen, schickten ihn die Australier trotzdem nach Hause – mit der Begründung, er sei eine Bedrohung für die „öffentliche Gesundheit und Ordnung“. Nun, das nenne ich wahre Führung.

Und sie hatten verdammt recht damit.

Was wäre zum Beispiel, wenn etwas von seinem ungeimpften Speichel auf den Ball gelangt, gerade als er aufschlagen will – und derselbe Speichel dann auf seinen Gegner projiziert wird, der, abgelenkt davon, gegen jemanden zu spielen, der so sehr ungeimpft ist, seinen

Schlag falsch timt, und der Ball auf einer älteren Dame im Publikum landet, die dann drei Tage später stirbt, weil sein Speichel Covid enthielt?

Die Möglichkeit einer solchen Tragödie, die mir überaus plausibel erscheint, wurde durch die entschlossenen Maßnahmen der australischen Regierung vermieden.

Außerdem war ich ermutigt zu sehen, wie sehr die Australier Herrn NoVAX aus ihrem Land haben wollten. Im Fernsehen sah ich einen jungen Kerl von vielleicht zwölf oder dreizehn Jahren, der interviewt wurde: „Nun, wenn er bleibt, werde ich ihn nicht sehen, weil er nicht geimpft ist", sagte er, mit offensichtlichem Ekel im Gesicht. Gut gemacht, mein Sohn. Die Zukunft ist hell Down Under.

Also, da haben Sie es... das ist wirklich, wie eine moderne Utopie aussieht, ein Land der realen „Zauberer von Oz" sozusagen. Und an all die Kritiker Australiens, die sagen, dass der Erfolg ihres Zero-Covid-Ansatzes viel ihrer isolierten geografischen Lage verdankt... mein Herr, diese Art von Menschen hat ihre kritischen Fähigkeiten wirklich an der Tür gelassen! Haben nicht alle Länder Grenzen? Wollen Sie mir ernsthaft erzählen, dass man nicht die Streitkräfte an jeder Grenze haben kann, die alle ankommenden Reisenden sofort in staatlich geführte Lager bringen? Solche Dinge wurden in der Menschheitsgeschichte schon einmal getan, und sie sind kaum jenseits des menschlichen Verstandes – also erzählen Sie mir nicht, dass eine Zero-Covid-Strategie NICHT ÜBERALL machbar ist. Sicher, man könnte sogar eine Mauer entlang jeder Grenze bauen, um Menschen fernzuhalten. Denn jeder, der eine laufende Nase hat und sich trotzdem entscheidet, in ein anderes Land zu reisen, ist meiner Meinung nach nicht besser als ein Vergewaltiger oder ein Mörder. Baut eine

Mauer, haltet sie fern und lasst uns alle einander SICHER halten.

Jedenfalls haben wir uns nun angesehen, wie Zero Covid in der Praxis funktionieren kann, und ich kann Ihnen sagen, wie traurig ich bin, dass wir es in Irland nicht übernommen haben (obwohl ich natürlich jede Gelegenheit nutzte, um es im Radio zu fordern). Aber das heißt nicht, dass man – wie in Irland oder in unserem nächsten Land in der Ruhmeshalle – nicht trotzdem fabelhaft gut abschneiden kann. Und so wenden wir uns nun Kanada zu, das, obwohl es keinen Zero-Covid-Ansatz hatte, es schaffte, ein Maß an gesellschaftlicher Unterstützung und Rückhalt zu erreichen, das mich vielleicht, wenn ich ehrlich bin, wieder ein wenig neidisch macht...

Kanada (wieder ein Land, das mich ein wenig unbehaglich bezüglich unserer eigenen Covid-Leistung fühlen lässt)

Die Kanadier waren schon immer eine wunderbar liberale Nation, so völlig anders als ihre direkten Nachbarn im Süden. Daher war ich kaum überrascht, als sie das ganze Land abriegelten und allen befahlen, drinnen zu bleiben. Wahrlich, die Verfolgung der Updates aus diesem wunderschönen Land war eine Quelle fast ununterbrochener Freude. Es war natürlich nicht alles gut. Diese randständigen Trucker, hauptsächlich Konföderierte, die anscheinend aus Texas eingezogen wurden, waren einfach grotesk... aber mit denen werde ich mich an anderer Stelle befassen.

Ich denke, der Erfolg des kanadischen Ansatzes lässt sich durch das folgende Transkript einer Fernsehsendung zusammenfassen, in der zwei junge kanadische Kinder zu ihren Ansichten über das Impfprogramm interviewt wurden. Der gesamte Austausch war wirklich beeindruckend: Was für zutiefst intelligente kleine Kinder (und nicht älter als zehn oder elf Jahre!) werden von unseren lieben kanadischen Freunden erzogen. Lesen Sie weiter und lassen Sie sich inspirieren: Dies ist ein Hinweis auf das Ausmaß der gesellschaftsweiten Unterstützung, die erreicht werden kann, wenn die Pandemie-Botschaft Ihrer Regierung wirklich auf den Punkt ist.

'Moderator: Seid ihr beide geimpft?

Junges Mädchen: Ja, wir haben beide zwei Dosen bekommen, aber wir freuen uns darauf, weitere zu bekommen. Ich habe mir zu meinem Geburtstag eine Pfizer gewünscht, aber George möchte eine BioNTech.

Junger Junge: Ja! Das klingt sooo cool.

Moderator: Und seid ihr beide für eine Impfpflicht?

Beide Kinder: Oh, total.

Moderator: Was sollen wir mit Leuten machen, die den Impfstoff nicht wollen?

Junger Junge: Wir sollten die Polizei rufen!

Junges Mädchen: Oder vielleicht die Armee. Einige dieser Leute sind Extremisten.

Moderator: Und sollte es auch für Leute in eurem Alter Pflicht sein? Sollen wir die Polizei für sie rufen?

Junger Junge: Auf jeden Fall! Lucas ärgert mich immer, und er ist nicht geimpft. Ich würde ihn gerne eingesperrt sehen.

Moderator: Und wie können wir die Leute dazu bringen, den Impfstoff zu nehmen?

Junger Junge: Ich denke, wir sollten ihn ihnen einfach injizieren.

Junges Mädchen: Nein, noch nicht. Ich denke, was die

Regierung tut, ist vorerst perfekt: ihnen nach und nach alles entziehen, bis sie sich fügen und impfen lassen.

Moderator: Und warum, glaubt ihr, wollen die Leute den Impfstoff nicht nehmen?

Beide Kinder: Weil sie rassistisch sind!

Moderator: Nun, es sieht so aus, als hätten wir hier einige zukünftige Politiker. Geben wir diesen beiden einen Applaus!

Das Publikum jubelt wild und spendet stehenden Applaus.'

Wirklich, wenn man das liest, muss noch etwas über Kanadas Ansatz gesagt werden? Das Informationsprogramm der Regierung bezüglich ihrer Pandemiebekämpfung ist so ausgezeichnet, dass selbst kleine Kinder alle Nuancen verstehen können.

Auch hier muss ich jedoch zugeben, dass mich dies ein wenig beunruhigt, was den Ansatz in meinem eigenen lieben Land betrifft. Ich meine, ich weiß, dass die meisten von uns zu 110 % hinter der Regierung standen, aber warum habe ich keine Interviews mit solchen Kindern in der Late Late Show gesehen? Zumindest hätte Tubbers (Ryan Tubridy - Irischer Fernsehmoderator) die jährliche Spielzeugshow nutzen können, um vorzuschlagen, dass der Weihnachtsmann ungeimpften Kindern keine Geschenke macht und vielleicht ein Liedchen singen, um den Punkt zu verdeutlichen: 'Seid brav, lasst euch mindestens zweimal impfen, ob ihr groß seid oder klein, der Weihnachtsmann wird euch alle impfen!' Hmmm, besser rufe ich ein paar meiner Freunde bei RTÉ an und wir werden sehen, was wir uns einfallen lassen können...

Bisher haben wir die Stärken der irischen, australischen und kanadischen Ansätze herausgearbeitet, aber, wenn ich jetzt wirklich darüber nachdenke, gibt es ein Land im Besonderen, das wohl zu Recht als König von Covid betrachtet werden kann – zumindest wenn es darum geht, mit den Bedrohungen durch die Impfgegner umzugehen. Ich meine, die Australier hatten recht, ihre Missbilligung von Djokavic zu zeigen, und es ist immer großartig, wenn man die Kinder mit ins Boot holen kann, wie in Kanada, aber manchmal braucht man einfach echte Taten, um seinen Worten Nachdruck zu verleihen, wissen Sie? Und wenn es darum geht, Worte in Taten umzusetzen, gibt es ein Land, das, wenn ich zurückblicke, ich mir einfach wünsche, wir alle hätten den Mut gehabt, es nachzuahmen. Aber vorerst dient ihr Beispiel als Vorbild für uns alle, sicher verfügbar für Staats- und Regierungschefs, um es beim nächsten Mal, wenn wir uns in den Fängen einer Pandemie befinden, zu übernehmen. Und so wenden wir unsere Aufmerksamkeit nun....

Österreich (ok, ich muss zugeben, diese Leute haben es wirklich am besten gemacht)

Wenn es um die Crème de la Crème der Covid-Bekämpfung geht, gibt es für mich keinen Zweifel daran, dass es unsere österreichischen Brüder und Schwestern sind, die alles auflecken. Ich war der leitende Redakteur einer Sonderbeilage in The Oirish Times, die, wie ich glaube, alles sagt, was man über Österreichs Ansatz wissen muss. Also machen Sie sich eine Tasse Tee und genießen Sie es, sich an die allgemeine österreichische Genialität an der Covid-Front zu erinnern....

'SO GEHT'S!

In der neuesten Ausgabe dieser speziellen Oirish-Times-Beilage, die verschiedene Covid-Reaktionen weltweit untersucht, teilt unser ansässiger Experte Prof. Oisín MacAmadáin seine Begeisterung für die jüngsten Covid-Beschränkungen in Österreich. Dort hat die Regierung gerade eine Impfpflicht mit Geldstrafen von bis zu 7.200 € und Gefängnis für diejenigen eingeführt, die sich nicht daran halten. Sollte dasselbe in Irland passieren? Lesen Sie weiter und urteilen Sie selbst!

Öffentliche Reaktion als "sehr unterstützend" und "an Euphorie grenzend" beschrieben

Die Stimmung unter den Bürgern auf den Straßen Wiens gestern Abend kann nur als Jubel beschrieben werden. "Ehrlich gesagt, ich kann mich nicht erinnern, wann ich das letzte Mal so glücklich war! Endlich kann ich sicher mit meinen Freunden, die natürlich alle geimpft sind, betrunken oder high werden.... diese schrecklichen Delinquenten haben uns alle viel zu lange als Geiseln gehalten!" sagte Kirsten, eine örtliche Grundschullehrerin. Währenddessen äußerte Kaspar, ein Buchhalter, obwohl er auch über die Entscheidung der Regierung erfreut war, einen vorsichtigen Hinweis: "Das Einzige ist, dass es mir leid tut für all die anderen Gefangenen.... selbst der schlimmste Mörder oder Vergewaltiger verdient es einfach nicht, in der Nähe dieser Leute zu sein. Vielleicht sollten sie ein neues Gefängnis oder Lager nur für die Ungeimpften bauen." "Ja, ein Lager!" rief ein anderer vollständig geimpfter Feiernder in der Nähe. "Wir brauchen ein spezielles Lager für diese Leute! Jippie!" Szenen der Fröhlichkeit und Straßenfeste dauerten bis spät in die Nacht an. Vorfälle von öffentlichem Niesen wurden gemeldet, aber die Polizei hat bestätigt, dass keine Ermittlungen stattfinden werden. Dies liegt daran, dass Experten glauben, dass geimpftes Niesen keine Gesundheitsrisiken für andere birgt und sogar gesundheitliche Vorteile mit sich bringen kann.

Professorin für Ethik beschreibt Entscheidung als "extrem ethisch" und "etwas, das Aristoteles gebilligt hätte"

Prof. Ann Schlüss von der Universität Salzburg hat gesagt, dass die Regierungsentscheidung "alle ethischen Kriterien erfüllt", sogar die von Kant, dessen ethisches Kriterium "bekanntermaßen schwer zu erfüllen ist". "Sehen Sie, es geht darum, dass die individuelle Freiheit mit dem Gemeinwohl in Einklang gebracht werden muss. Niemand hat das Recht, täglich beiläufig Mord zu begehen, wie es die Ungeimpften derzeit tun. Es besteht für mich kein Zweifel, dass dies eine so ethische Entscheidung war, wie man sie sich nur wünschen kann. Tatsächlich organisiere ich nächsten Monat ein Symposium, dessen Ergebnisse in einem Buch mit dem Titel *Der Stich als moralisches Gut: Zeitgenössische österreichische Gesundheitspolitik, verwurzelt in der Tugendethik-Tradition* veröffentlicht werden... ein ideales Weihnachtsgeschenk und für nur 139,99 € erhältlich!"

Verrückter Impfgegner sagt, er sei glücklich, den Rest seines Lebens drinnen zu bleiben

Markus Nütterjob, ein führendes Mitglied der 'Impfung Macht Frei!'-Impfgegner-Terrororganisation, hat von seinem Balkon aus mit Megafon seine Unzufriedenheit gegenüber Passanten vor seinem Haus kundgetan. "Sie werden mich zu Boden nageln müssen!", "Eine Strafe von 7.000? Pff! Absolut wert!", "Niemals hat 'nur über meine Leiche' mehr zugetroffen!" Eine heute Morgen veröffentlichte Polizeimitteilung besagt, dass sie das Verhalten von Herrn Nütterjob nach Beschwerden einer örtlichen Anwohnerinitiative überwachen, die der Meinung ist, dass das Verbot für Ungeimpfte, ihre Häuser zu verlassen, auch auf ihre Balkone ausgeweitet werden sollte.

MEINUNGSARTIKEL: Neues Gesetz spiegelt Wandel in der politischen Landschaft hin zum Progressivismus wider

Es ist erst wenige Jahre her, dass die österreichische Politik von der extremen Rechten dominiert wurde, mit einer Rhetorik, die Muslime und Einwanderer fast jeder Nationalität gnadenlos ins Visier nahm. Der aktuelle Wandel, der stattdessen die Ungeimpften ins Visier nimmt, kann daher wohl als Todesstoß für die rechtsextreme österreichische Bewegung und als neuer Morgen für die liberale & progressive Politik im Land angesehen werden. "Ich bin so froh", sagte der örtliche Labour-Politiker Hermann Hündbisket, "Es war wirklich schrecklich, Teil einer Gesellschaft zu sein, in der Diskriminierung von Minderheitengruppen so eklatant und alltäglich war. Es macht mich so stolz zu denken, dass diese Tage nun vorbei sind und dass die Menschen einen Weg gefunden haben, eine gesellschaftliche Gruppe anzugreifen, ohne Diskriminierung zu verursachen. Es ist eine Win-Win-Situation, wenn es jemals eine gab." Unterdessen rief der französische Präsident Emmanuel Macron den österreichischen Bundeskanzler an, um seine Glückwünsche zu den jüngsten politischen Veränderungen zu übermitteln und ermutigende Worte anzubieten, "so viele Bastarde wie möglich weiter zu ärgern".

"Das brauchen wir auch!" sagt Frau aus Cork im Radio, während Umfrage Mehrheit der Öffentlichkeit für österreichische Politik in Irland anzeigt

Joe Duffers' Lifeline-Programm wurde gestern von Anrufern überflutet, die ihre Unterstützung für Österreichs 'Impfen oder Knast!'-Impfpolitik äußerten. "Verdammt wunderbar ist es, verdammt wunderbar", sagte Trisha, eine Anruferin aus Cork. "Wir sind in diesem Land zu zimperlich, halten diese Verschwörungstheoretiker nur aus Cafés und Kinos fern. Ich denke, die Drohung mit ein bisschen Zeit im Knast würde sie im Handumdrehen die Ärmel hochkrempeln lassen... ich war begeistert an dem Tag, als ich geimpft wurde, weil ich wusste, dass ich dann vollständig geschützt war, aber der Gedanke, dass jeder dieser Verrückten mich immer noch einfach so töten könnte.... also bin ich ganz dafür, das zu tun, was die Österreicher tun, nur um uns alle sicher zu halten." Unterdessen hat eine Oirish-Times-Umfrage ergeben, dass 82 % der Befragten Gefängnisstrafen für Ungeimpfte unterstützen würden, 13 % sind sich unsicher und die restlichen 5 % werden derzeit von der Gardaí untersucht. Taoiseach Micheál Martin hat vorgeschlagen, dass eine Debatte über einen Gesetzentwurf zur Impfpflicht ein logischer nächster Schritt vor dessen Verabschiedung wäre.

Fazit & lobende Erwähnungen

Das sind also meine Top-Auswahlen für die besten Covid-Reaktionen weltweit, aber bitte seien Sie nicht enttäuscht, wenn Ihr eigenes Land es nicht auf die Liste geschafft hat. Um ehrlich zu sein, obwohl die meisten Orte nicht so großartig waren wie zum Beispiel Australien oder Österreich, haben sie alles in allem einen ziemlich guten Job gemacht. Ich meine, denken Sie zum Beispiel an Panama, wo Männer an einem Tag und Frauen an einem anderen Tag ihre Häuser verlassen durften, oder an das strenge Lockdown-Peru, wo Soldaten auf den Straßen patrouillierten und ihre Waffen auf jeden richteten, der es wagte, vor die Haustür zu treten. Und natürlich das gute alte Neuseeland und seine großartige Anführerin, Jacinda Ardern (oh, wie meine Leidenschaft für Ardern brennt!). Nun, ich bin nicht detailliert auf Neuseelands Ansatz eingegangen, da er dem Australiens ziemlich ähnlich war, und so werden Sie eine allgemeine Vorstellung davon haben, wie das Leben unter Covid in dieser anderen großen antipodischen Nation war. Zum Beispiel, als eine dreiköpfige Familie in den Vororten von Auckland Covid bekam, wurde die ganze Stadt mit 1,6 Millionen Einwohnern abgeriegelt, und selbst bei weit über 90 % geimpften Erwachsenen beträgt die Isolationszeit für enge Kontakte ganze 24 Tage. Erstklassige Sache.

Aber während die meisten Länder den Plan mitgemacht haben, gab es einige schändliche Ausreißer, Orte, die man sich schämen würde zu besuchen, zu leben oder, Gott bewahre, das Pech hatte, dort geboren zu werden. Wahrlich, ich hasse es, solchen Ländern Aufmerksamkeit zu schenken, aber dies ist ein Buch darüber, Wahnsinn aufzudecken, wo immer er zu finden ist, und so wenden wir unsere Aufmerksamkeit nun... der Ruhmeshalle der Schande des Lockdowns zu!

5

KAPITEL FÜNF: DIE SCHANDHALLE DES LOCKDOWNS

Schweden (oder 'Die traurige Geschichte, wie eine liberale Utopie zu einem rechtsextremen Albtraum wurde')

Oh Gott, Schweden — wenn ich einen Euro dafür bekäme, jedes Mal, wenn die Verrückten mit diesem 'Es gab keine Katastrophe in Schweden'-Gerede ankommen, würde ich längst auf einer Yacht mit Klaus und der ganzen Crew ein luxuriöses Leben führen. Nun, schauen wir uns doch einmal die Fakten an, sollen wir?

Mit Stand vom 20. Juli 2022 liegt Schwedens Covid-Todesrate pro Kopf auf sage und schreibe... Platz 55 der Welt! Ja, Sie haben richtig gelesen. Nun, wie furchtbar ist das... nun... zumindest etwas schlimm... nun, eigentlich ziemlich respektabel, wenn man darüber nachdenkt... aber nein, nein, der Punkt ist, dass in Schweden pro Kopf mehr Menschen gestorben sind als in anderen nordischen Ländern wie Finnland oder Norwegen! Also bitte! Schließlich ist das eindeutig der wichtigste Vergleich, den man hier anstellen muss, und denken Sie ja nicht anders.

Ebenso sollten Sie immer misstrauisch gegenüber Menschen sein, die nicht risikobereit sind — und noch mehr, wenn Sie über die Mentalität einer ganzen Nation von todessehnsüchtigen Adrenalinjunkies wie Schweden sprechen. Tatsächlich deutete die Covid-Todesfallmodellierung des Imperial College (die, wie Sie sich erinnern, in Großbritannien und anderswo übernommen wurde) zu Beginn darauf hin, dass Schwedens Ansatz bis Juni 2020 zu insgesamt etwa 90.000 Todesfällen führen würde. 90.000! Und doch ignorierten die hartnäckigen Schweden diese potenziell bevorstehende Apokalypse auf bizarre Weise, sagten den Leuten, sie sollten weitgehend normal ihren Geschäften nachgehen, keine Maske in Sicht, und — halten Sie sich fest — sie vertrauten darauf, dass die Leute sich nicht gegenseitig anniesen würden! Ja, genau: Kein einziger Polizist wurde angewiesen, das Niesverhalten der Bevölkerung zu überwachen. Absoluter Wahnsinn.

Und, okay, es gab bis Juni nicht ganz 90.000 Todesfälle, also kann ich nur sagen, dass sie verdammt viel Glück hatten, aber bei etwas über 2.000 waren sie nun ja — auf dem besten Weg.

Und was Neil Ferguson angeht, den Mann hinter dieser Modellierung, als er genau in diesem Juni mit der abwegigen Aussage herauskam, Schweden sei tatsächlich "ziemlich weit gekommen, um denselben Effekt (eines Lockdowns) zu erzielen", kann ich nur sagen: Wir alle haben unsere Aussetzer. Sollte der Mann nicht mehr Vertrauen in seine eigenen Modelle haben? Vielleicht eine Therapie machen, um an seinem Selbstwertgefühl zu arbeiten.

Darüber hinaus, selbst wenn Sie die Vorstellung, dass

Schwedens Lockdown-freier Ansatz gerechtfertigt sein könnte, etwas beunruhigt, lassen Sie mich daran erinnern, dass Sie Dinge **niemals** für bare Münze nehmen sollten.

Denken Sie doch einmal darüber nach, wie es dort oben ist: weite, leere Ebenen, bevölkert von umherstreifenden Elchen und dem gelegentlichen Schäfer. Sicher, man müsste sich schon anstrengen, um sich überhaupt mit etwas anzustecken. Und selbst die wenigen Schweden, die in Städten leben, sind so zurückhaltend und hassen körperlichen Kontakt so sehr, dass man meinen könnte, sie seien alle verkappte Zen-Mönche. Haben Sie jemals zwei Schweden gesehen, die sich umarmen? Sehen Sie: Schweden ist eindeutig ein ganz anderes Kaliber als der Rest der Welt.

Um meinen Standpunkt wirklich zu verdeutlichen, füge ich hier — mit ihrer freundlichen Genehmigung — eine WhatsApp-Konversation ein, die ich ganz am Anfang der Pandemie mit meiner lieben Freundin in Stockholm, Saga Loren, führte. Sie war schrecklich besorgt über die Richtung, die ihr Land einschlug, und tatsächlich war sie die erste Person, die mich über den Albtraum informierte, der sich dort entfaltete:

'Oisín: Hey Saga, was geht ab, meine fermentierten-Fisch-liebende Freundin?

Saga: Oh Oisín, ich bin sooo deprimiert. Alles ist ein totaler Albtraum hier.

Oisín: Oh, hier auch, Saga... der Covid ist so ein Biest...

Saga: Nein, Oisín, nein... ich meine, hier gibt es keinen Lockdown!

Oisín: Waaaaas?!!!!! Ich glaube es nicht!

Saga: Ich weiß. Ich bin wirklich niedergeschlagen. Die Leute gehen herum, als ob alles völlig normal wäre... keine Masken, keine Abstandsregeln... sie dürfen in Cafés gehen und sich zu Hause gegenseitig besuchen...

Oisín: Oh mein Gott! Was für ein Wahnsinn... das muss sooooo hart für deine mentale Gesundheit sein, Saga...

Saga: Ich bin deprimierter als je zuvor. Es ist, als würde man in einem Paralleluniversum leben und all diese Gesichter sehen...

Oisín: Oh Saga, ich würde dir vorschlagen, sofort nach Irland zu kommen, aber du könntest eine Infektionsgefahr darstellen. Also bleibst du besser dort, fürchte ich.

Saga: Natürlich, Oisín, das würde ich niemals tun. Ich bleibe einfach so lange wie nötig in meinem Studio-Loft. Ich werde das Richtige tun, auch wenn es sonst niemand tut... im Gegensatz zu meiner Großmutter, lieber Gott helfe uns...

Oisín: Was hat sie getan?!!!

Saga: Sie sagt, sie sei immer noch ein freies Wesen und wolle ihren Nachmittags-Fika, also geht sie raus auf die Straße, sagt, es sei ihr Risiko...

Oisín: Hier würde sie wegen Gefährdung der öffentlichen Gesundheit verhaftet werden!!!

Saga: Nun, du lebst in einem zivilisierten Land, Oisín... aber es ist nicht nur meine Großmutter. Alle Omas sind unterwegs – und kein Polizist rührt auch nur einen Finger.

> Oisín: Sie müssen einer Gehirnwäsche unterzogen worden sein. Ein perfektes Beispiel für staatliche Propaganda...
>
> Saga: Ja, hier werden wir von Anders Tegnell beherrscht, der sagt, Lockdowns würden mehr Schaden als Nutzen anrichten...
>
> Oisín: Dieser Mann ist verrückt! Oh Gott, es tut mir so leid für dich, Saga. Wenn sich die Leichensäcke auf den Straßen stapeln, wisse einfach, dass du alles getan hast, was du konntest...
>
> Saga: Danke Oisín, ich werde versuchen, den Kopf oben und die Maske aufzubehalten.'

Ich bin während der gesamten Pandemie mit Saga in Kontakt geblieben. Es blieb sehr schwer für sie, aber ich kann berichten, dass sie es endlich geschafft hat auszuwandern und sich mir nun im schönen Termonfeckin angeschlossen hat. Nun, ich sehe sie nie, da sie sich noch immer in ihrer Wohnung isoliert, aber sie sagt, sie sei hier so viel glücklicher als in Stockholm. Schwedens Verlust, würde ich sagen.

Offensichtlich war es tragisch zu sehen, wie ein ehemals liberales und fortschrittliches Land wie Schweden dem Rechtsextremismus zum Opfer gefallen ist. Doch unser nächstes Land in der Ruhmeshalle hat keinen solchen Übergang durchgemacht. Tatsächlich ist es eher die Art von Ort, von der man erwarten würde, dass er eine verrückte Reaktion auf Covid zeigt, da er von einem gewissen Diktator namens Herrn Lukaschenko regiert wird, der dort seit über 30 Jahren an der Macht ist. Ja, in der Tat — ich spreche von...

Belarus (oder 'Das Land, in dem man glaubt, Wodka tötet Covid')

Was tat dieser Herr Lukaschenko also, als das Virus seine Grenzen bedrohte? Wie schützte er sein Volk? Er sagte ihnen, sie sollten Wodka trinken! Das sagte er: "Ich trinke nicht, aber in letzter Zeit sage ich, die Leute sollten sich nicht nur die Hände mit Wodka waschen, sondern das Virus auch damit vergiften. Man sollte täglich das Äquivalent von 40–50 ml reinem Alkohol trinken. Aber nicht bei der Arbeit."

Mein Gott, da lacht man ja über die Ernsthaftigkeit der Situation! Mit solch verrückten Ratschlägen könnte man fast meinen, er hielte die Pandemie-Reaktion in anderen Ländern für nichts als übertrieben. Und das hat er tatsächlich angedeutet, als er sagte: "Ich nenne dieses Coronavirus nichts anderes als eine gesellschaftliche Psychose... wir wissen, was solche Psychosen anrichten..."

Oh, dieser Herr "Lasst uns einfach etwas trinken und alles wird gut"-Präsident denkt also, der Rest von uns sei psychotisch, oder? Weiß er denn nicht, wie absolut ERNST diese Situation ist?! Dass die Welt niemals einer gefährlicheren Bedrohung gegenüberstand?! Dass unser Leben sich völlig und für immer ändern sollte?! Dass menschlicher Kontakt das Gefährlichste für unsere Gesundheit ist?!!! Würde er wirklich leugnen, dass Kinder in der Schule selbstverständlich ihre Masken tragen sollten, dass sie in Angst vor dem Tod durch dieses tödliche Virus oder davor, ihre Eltern zu töten, aufwachsen sollten?!!!!! Und er nennt uns psychotisch? Jesus — der Mann muss eingewiesen werden.

Und es gibt in Belarus ohnehin schon genug Alkoholiker, ohne dass der Staat auch noch öffentlich zum Saufen aufruft.

Aber Herr Lukaschenko, zweifellos der Typ, der den Klang seiner eigenen Stimme liebt, hatte noch mehr zu Covid zu sagen — vor allem: “Es ist besser, auf den Füßen zu sterben, als auf den Knien zu leben.” Was für eine Botschaft ist das für einen Staatschef? Glaubt er wirklich, dass Risiko ein fester Bestandteil des Lebens sei, den man akzeptieren müsse, *carpe diem* und so weiter? Lieber Gott — ja, Risiko ist ein Teil des Lebens, aber es ist dazu da, minimiert und vollständig beseitigt zu werden. Und außerdem: Weiß dieser Mann nicht, dass einige von uns Hühneraugen haben und sowieso nicht lange stehen können?

Jedenfalls habe ich in den letzten zwei Jahren oft an die früheren dunklen Stunden der Menschheit gedacht und daran, wie Menschen im Angesicht von Widrigkeiten handelten. Zum Beispiel kehren meine Gedanken häufig zum Zweiten Weltkrieg zurück und zu all den tapferen Verbündeten, die kämpften und ihr Leben gaben, damit wir heute sicher sein können, abends Essen bestellen und unsere Lieblings-Netflix-Serien binge-watchen können. Das sind die Werte, die wir im Westen hochhalten und die wir um jeden Preis schützen müssen.

Und was sollen wir von der verdrehten Weltanschauung von Herrn Lukaschenko halten, wenn er nur wenige Monate nach Beginn der Pandemie die Siegesparade am 9. Mai — die an die Niederlage Hitlers erinnern soll — mit 20.000 Soldaten und Zuschauern durchführt? Wie rechtfertigte er das? “Wir konnten es einfach nicht anders machen... die Augen der toten Soldaten schauen uns an...” Unglaublich! Ist ihm nie in den Sinn gekommen, dass genau diese Augen der Toten wahrscheinlich lieber in einer Ära gelebt hätten, in der man Chicken Nuggets und Pommes über Deliveroo bestellen kann?

Und was ist mit den Leichenbergen, die unweigerlich aus einer solchen 'Strategie' resultiert haben müssen? Hier wird es wirklich unheimlich und zeigt nur, wie man solchen autokratischen Führern nicht trauen kann. Die angebliche Covid-Todeszahl in Belarus beträgt am 25. März 2022 6.759. Das ist in einem Land mit über 9 Millionen Einwohnern. In Irland, einem Land mit der Hälfte dieser Bevölkerung, hatten wir fast genau dieselbe Zahl — 6.693 — und das trotz eines der strengsten Lockdowns Europas. Da stimmt doch etwas nicht. Fake News, zweifellos, oder bestenfalls waren die für die Zählung zuständigen Beamten zu betrunken, um bis drei zählen zu können.

Nun, so viel zu Belarus. Unser nächstes Land hat es auch nicht unbedingt richtig gemacht — nicht aus Bosheit, sondern aus schierer Faulheit — und so kommen wir zu...

Mexiko (oder 'Hasta Mañana Señor Covid'?)

Während die Regierungsansätze in Schweden und Belarus einfach entsetzlich waren, war nicht jedes Land, das während der Pandemie schlecht abgeschnitten hat, wirklich grauenhaft. Einige waren einfach ziemlich schlimm, und Mexiko fällt in diese Kategorie. Um zu erklären, was ich meine, füge ich hier eine Abschrift eines Interviews ein, das ich mit einem mexikanischen Parlamentsabgeordneten, Herrn Manuel Tamales, etwa zur Halbzeit der Pandemie geführt habe. Wie Sie sehen werden, spricht es für sich selbst.

'Ich: Herr Manuel Tamales, Sie sind....

MT: Mein Name ist Manuel Tamaron, tatsächlich.

Ich: Herr Tamales, Sie nennen sich einen Politiker, einen gewählten Vertreter des Volkes, und doch: Wäre es nicht fair zu sagen, dass, während Rom brannte, Sie einfach mit sich selbst gespielt haben?

MT: Ich bin mir nicht sicher, ob ich Ihre Bedeutung verstehe, Señor.

Ich: Ich meine, diese tödliche Krankheit, dieses tödliche Virus breitet sich in Ihren Städten aus, und was haben Sie getan, um es einzudämmen? Kein ewiger Lockdown? Sie lassen die Leute immer noch arbeiten? Und Touristen ohne negativen Test — und sogar ungeimpfte Touristen — herein? Und Ihr Präsident sagt, dass das Coronavirus *nicht* die Pest sei?

MT: Ah, ich verstehe, Señor. Ja, wir haben den Menschen entsprechende Ratschläge gegeben: Hygiene, soziale Distanzierung. Und wir haben auch ein Ampelsystem — in Gebieten mit höherer Virusinzidenz ergreifen wir verhältnismäßigere Maßnahmen. Es hat keinen Sinn, alle ständig einzusperren; schließlich müssen die Menschen ihren Lebensunterhalt verdienen und...

Ich: Den Lebensunterhalt verdienen? Was?! Sie meinen, Sie können sie nicht einfach dafür bezahlen, zu Hause zu bleiben, um alle SICHER zu halten?! Das ist es, was wir hier tun! Wir nennen es PA, Pandemie-Arbeitslosenunterstützung (und sie schlabbern es auf wie Welpen). Sollte dies nicht als massives Versagen Ihrer Regierung gelten?

MT: Señor, wir können es uns nicht leisten, jeden im Land dafür zu bezahlen, nichts zu tun. Wir würden ziemlich schnell bankrott gehen, und es wäre eine Katastrophe. Sehr bald hätten wir kein Geld mehr, um irgendetwas zu betreiben — einschließlich des Gesundheitsdienstes.

Sicherlich würde nicht einmal ein reiches Land wie Ihres eine so verrückte Politik verfolgen?

Ich: Es ist ein wesentlicher Bestandteil der gesamten Strategie, Herr *Tabasco*. Sehen Sie das nicht? Oder denken Sie, Sie sind einfach zu heiß, um das zu verstehen, haha?

MT: ¿Qué?

Ich: Und Ihre Todesrate ist entsetzlich! Mit Stand heute (9. April 2021) sind es 206.146! Das bedeutet, Sie haben die 14. höchste Todesrate der Welt!

MT: Ja, Señor, aber wir sind ein Land mit 126 Millionen Einwohnern, und unsere Todesrate pro Kopf unterscheidet sich nicht wirklich von der Frankreichs, Großbritanniens, Polens oder jenes Hotspot-Landes, für das Sie kürzlich selbst Quarantäne eingeführt haben: Andorra.

Ich: Bei Ihnen sind das alles verdammte Lügen und Statistiken, nicht wahr? Aber was ich wissen möchte, ist, ob Sie die Polizei auf den Straßen haben, die Leute verhaftet, wenn sie sich in Gruppen versammeln? Erfüllen sie wenigstens ihre Pflicht?

MT: Señor, erst heute Morgen wurde in meiner Stadt eine Familie entführt. Gestern wurden fünf unschuldige Menschen von Drogenbanden ermordet, weil sie ihre Schutzgelder nicht bezahlt hatten. Unsere Polizei ist damit beschäftigt, diese *echten* Probleme zu bekämpfen. Es sollte kein Verbrechen sein, wenn Menschen sich sehen. Ihre Polizei muss wirklich nichts Besseres zu tun haben — und dafür können Sie sich glücklich schätzen. Wir tun hier in Mexiko unser Bestes. Das Leben ist nie perfekt. Guten Tag Ihnen.'

Nun, nun, Herr Tortilla wurde da wirklich bloßgestellt, nicht wahr?

Man könnte sagen, dass sie zumindest *etwas* getan

haben, um den alten Covid zu bekämpfen. Aber *etwas* ist einfach nicht genug, oder? Es ist alles oder nichts. Und das ist der Grund, warum ich Mexiko hier herausgegriffen habe: als Beispiel für den typischen Mangel an Prioritäten, den wir WÄHREND dieser Pandemie in der gesamten Entwicklungswelt beobachten konnten.

Warum um alles in der Welt scheinen diese Leute nie zu begreifen, wie ernst Covid ist? Wollen sie denn nicht so werden wie wir?

Natürlich haben einige der enttäuschenderen Orte der letzten Jahre ihren zweifelhaften Ruhm nicht wegen der Handlungen ihrer Regierungen verdient, sondern weil die Mehrheit der Bevölkerung einfach nicht tut, was man ihr sagt. In diesem Fall sind die osteuropäischen Völker am meisten schuld. Während ihre Regierungen pflichtbewusst anordneten, zu Hause zu bleiben und sich vierfach impfen zu lassen, hielt die Bevölkerung wenig davon. Scheinbar — obwohl ich es nicht im Geringsten nachvollziehen kann — erinnerte sie die ganze Covid-Situation an ihre kommunistische Vergangenheit.

Sehr seltsam. Ich meine: Unter dem Kommunismus waren Proteste verboten, Dissidenten wurden geächtet, die Polizei kontrollierte die Bewegungen der Menschen, freie Vereinigungen waren verboten, Menschen verloren ihre Arbeit wegen ihrer Meinungen, und die Medien verbreiteten die Regierungslinie.

Ich kann nur sagen: Man müsste *sehr* verblendet sein, um das mit den heutigen USA, Frankreich, Australien oder, in der Tat, Irland zu vergleichen.

Offensichtlich gibt es etliche solcher ehemaliger kommunistischer Länder, und wir brauchen nicht alle zu besprechen. Stattdessen nehmen wir ein repräsentatives Beispiel und wenden uns zu...

Rumänien (oder 'Oisíns aufrichtiger und herzlicher Rat an die rumänische Regierung')

Jeden Morgen setzen sich die Gattin und ich mit unserem Tee hin, um The Oirish Times zu lesen. Wir lesen uns abwechselnd jeden Artikel vor, und, Junge, wir hängen wirklich an jedem Wort. Das Ganze ist ehrlich gesagt zu einer Art religiösem Ritual geworden und dauert gut ein paar Stunden.

Jedenfalls waren wir gestern Morgen beide sehr besorgt, den folgenden Artikel im irischen Nachrichtenteil zu sehen:

> **'Impfskepsis in Irland am höchsten unter Osteuropäern**
> Eine neue Studie deutet darauf hin, dass die höchste Impfskepsis unter den osteuropäischen Gemeinschaften — insbesondere den bulgarischen und rumänischen — zu finden ist. Aufgrund einer Geschichte staatlicher Unterdrückung misstrauen viele innerhalb dieser Gruppen der Autorität, und Verschwörungstheorien sind weit verbreitet. Darüber hinaus haben Rumänien und Bulgarien die niedrigsten Covid-Impfquoten in der Europäischen Union und...'

'Mein Gott', sagte ich. 'Ist Elena nicht aus einem dieser Länder, Liebste?'

'Doch, ich glaube schon. Ist sie nicht Rumänin?'

Wir sahen uns beide entsetzt an, als uns dämmerte, dass unsere wöchentliche Putzfrau höchstwahrscheinlich glaubte, Bill Gates wolle die Welt beherrschen — und schlimmer noch: dass sie wahrscheinlich *ungeimpft* war.

Gleichzeitig sagten wir: 'Wir können keine ungeimpften Tröpfchen im Haus haben.'

'Aber wie können wir sie bitten oder überzeugen, sich impfen zu lassen, wenn sie es nicht getan hat?'

'Ich muss die richtigen Worte finden... wann kommt sie das nächste Mal? Oh nein — heute! Und es ist fast soweit!'

'Guten Morgen, Herr und Frau MacAmadáin!', rief Elena aus dem Flur.

Meine Frau flüchtete eine Leiter hinauf auf den Dachboden, während ich mich in die strategischste Position begab, die ich unter den Umständen finden konnte.

'Geht es Ihnen gut, Herr MacAmadáin?' Elenas Blick war fragend, als sie meine Füße unter dem Küchentisch entdeckte.

'Oh, ja, gut, gut. Das ist ein schöner Platz hier. Ich habe, ähm, angefangen, meine Recherchen hier unten zu machen. Ein überraschend guter Ort, um Dinge zu durchdenken.'

'Ach so, Herr MacAmadáin. Soll ich dann in der Küche anfangen?'

'Okay, ja. Schließlich müssen wir über etwas reden.'

Wenn ich jemals einen Fehler zugeben müsste, dann wäre es, dass ich manchmal nicht ganz die richtigen Worte für solche Anlässe finde. Was als Nächstes geschah, ist etwas verschwommen. Ich erinnere mich, dass es ziemlich hitzig wurde, nachdem ich — völlig unschuldig — erwähnte, dass die Mehrheit der Rumänen offenbar an einer Form paranoider Geisteskrankheit litt.

Elenas letzte Worte, als sie die Haustür zuschlug, lauteten:

'Sie glauben, das ist nicht wie das, was wir unter Ceausescu durchgemacht haben?! Lassen Sie mich Ihnen sagen: Ceausescu dreht sich im Grab, dass er nicht daran gedacht hat! Was für ein Genie — alle mit der verdammten Grippe zu kontrollieren! Ja, ich hole mir eine Impfung und stecke sie Ihnen in Ihren verdammten Arsch!'

Kurz gesagt: Es lief nicht gut. Aber immerhin müssen wir uns keine Sorgen mehr über die katastrophalen Auswirkungen ungeimpfter Hände machen, die unser Waterford Crystal reinigen.

Nachdem alles aufgesammelt und ausgeräuchert war, setzte ich mich hin, um an die rumänische Botschaft zu schreiben. Vielleicht konnte ich nicht Elena überzeugen — aber vielleicht die rumänische Regierung selbst. Mein Brief lautete:

'Sehr geehrte Damen und Herren,

ich schreibe Ihnen, um Ihnen meinen Rat bezüglich der geringen Akzeptanz der Covid-Impfung in Ihrem wunderschönen Land anzubieten, dessen begeisterter Fan ich bin, seit ich *Borat* gesehen habe.

Nach reiflicher Überlegung glaube ich, dass die beste Impfstrategie darin bestünde, Ihre traditionellen folkloristischen Mythen zu nutzen. Wie wäre es mit einer Kampagne, die sich um Dracula dreht? Mit dem Text: "Nur ein Biss, und Sie sind immun!" Natürlich müsste man einige ursprüngliche Konnotationen der Dracula-Geschichte — Opfer, die ermordet werden — etwas herunterspielen.

Ich überlasse Ihnen dies, aber lassen Sie mich wissen, ob ich Ihnen weiter behilflich sein kann.

Mit freundlichen Grüßen,

Prof. Oisín MacAmadáin'

Ich habe noch keine Antwort erhalten, bin aber sicher, dass mein Brief bereits im rumänischen Kabinett geprüft wird.

Nun, während man von einigen Orten auf der Welt erwarten kann, dass sie bei ihren Covid-Reaktionen nicht ganz auf dem neuesten Stand sind (nicht, dass man diesbezüglich natürlich irgendwelche Zugeständnisse machen sollte), gibt es einige Orte, wo man dies einfach niemals für möglich halten würde. Und ein solcher Ort ist das Land des Fortschritts, des wissenschaftlichen Denkens und all solcher Dinge. Aber selbst in den USA war in Zeiten von Covid nicht überall alles gut, wie ich zu meinem Leidwesen erfahren sollte.....

Florida (oder 'Die Geschichte von Oisíns Albtraumurlaub')

Seit vielen Jahren fahren die Gattin und ich jeden Winter ins sonnige Orlando, um den irischen Winterfröstel zu entfliehen. Dies wurde durch die Verwüstungen der Pandemie unterbrochen, aber sobald wir beide vollständig geimpft waren und wieder in die USA einreisen durften, dachten wir uns: 'Warum nicht?' und so fuhren wir los. Kein Problem, einen Urlaub in der Sonne zu verbringen, solange alle um einen herum dreifach geimpft, maskiert sind und Abstand halten, richtig?

Im Flugzeug saßen wir auf der anderen Seite des Ganges von einer Dame aus Florida, Martha. Sie war nett genug und plauderte freundlich. Ich fragte, ob wir uns auf einige schöne, strenge Beschränkungen freuen könnten, vielleicht eine nächtliche Ausgangssperre oder darauf, ungeimpfte Menschen auf der Straße zusammengetrieben zu sehen, Sie wissen schon, die Art von Dingen, die jedem Urlaub einen Mehrwert verleihen. Und sicher, was sie als Nächstes sagte, ließ uns beide totenbleich werden: 'Oh, wir haben keine Beschränkungen in Florida. Wir hatten seit weit über 18 Monaten keine mehr, tatsächlich.'

Ich wandte mich an meine Frau, meine Beine waren plötzlich wie Wackelpudding und zitterten sichtbar. 'Wie soll ich überleben, wie soll ich überleben?', murmelte ich wie in Trance. Als meine liebe Frau versuchte, mich zu trösten, kam eine Stewardess herüber, um zu fragen, ob es mir gut gehe. 'Sie müssen das Flugzeug umdrehen', sagte ich zu ihr. Die Stewardess warf mir einen seltsamen Blick zu. 'Das können wir wirklich nicht tun, Sir', meinte sie, bevor sie sich an meine Frau wandte: 'Ist Ihr Mann ein nervöser Flieger, Ma'am?' — 'Nein, er ist nur nervös, nach Florida zu fliegen....', antwortete meine Frau. 'Nun, er hätte wissen müssen, wohin er fliegt, bevor er ein Ticket dorthin gebucht hat', und sie ging, ohne auch nur einen Gedanken an die fast krampfartigen Anfälle zu verschwenden, die ich zu diesem Zeitpunkt hatte.

Ich bin kein Trinker, aber es schien die einzige Möglichkeit zu sein, mich zu beruhigen, und so, ein paar G&Ts später, begann ich wegzudämmern. Meine Träume waren beunruhigend: sichtbar schniefende Männer in MAGA-Hüten, die sich auf einer Art Kundgebung umarmten, während sie erklärten, das Recht, Waffen zu tragen, sei die beste Verteidigung gegen Covid. Ich wusste nicht, dass dieser Albtraum nur ein Bruchteil der Hölle auf Erden war, die mich noch erwartete.

Als wir zur Landung ansetzten, wandte ich mich an meine Frau: 'Wie konnten wir das nicht wissen? Ich lese The Oirish Times jeden einzelnen Tag – ich meine, ich schreibe für sie, um Himmels willen! – und kein einziges Mal deuteten sie auch nur an, dass es irgendwo so völlig verrückt und durchgeknallt war. Sollen wir einfach im Flugzeug bleiben und den Rückflug nehmen?'

'Schau, Liebster', antwortete meine Frau. 'Warum versuchen wir nicht, das Beste daraus zu machen? Wir werden so vorsichtig sein, wie wir können, und ich bin sicher, wir können trotzdem einen tollen Urlaub haben.'

Ich stimmte widerwillig zu, es zu versuchen, und überzeugte mich fast selbst, dass alles gut gehen würde.

Doch am nächsten Tag waren meine Nerven nicht besser. Am Morgen schaltete ich den Fernseher ein, und da erschien ein gewisser Ron DeSantis, Gouverneur von Florida. 'Niemand wird seinen Job verlieren wegen seiner persönlichen Entscheidung, sich nicht impfen zu lassen', verkündete er, 'niemals unter meiner Aufsicht und niemals in Florida!'

'Oh mein Gott, es wird immer schlimmer! Jeder, der uns bedient, könnte ungeimpft sein! Oh Gott.... da denkst du, du kaufst dir nur einen schönen Grünkohl-Haferflocken-Frappuccino, und stattdessen stellt sich heraus, dass es ein Kaffee des Todes ist.... oh nein, oh nein, das kann ich nicht! Schau, Schatz, warum bleiben wir nicht einfach die vierzehn Tage in unserem Hotelzimmer, lassen uns den Zimmerservice kommen....'

'Nun, Oisín, ich weiß, dass du das schaffen kannst. Komm, lass uns unsere Masken und Visiere aufsetzen und zum Frühstück gehen.'

Als ich zum Buffet hinunterging, war ich entsetzt, einen Raum voller Menschen zu sehen, die umherwanderten und keine Maske trugen. 'Ich bin mir nicht sicher, ob ich das schaffe, Liebste, wirklich nicht.' — 'Du schaffst das, Oisín, du schaffst das. Komm, lass uns hier sitzen.'

Um meine Gedanken von den Menschenmassen abzulenken, nahm ich die Lokalzeitung zur Hand. Eine kleine Überschrift fiel mir ins Auge: 'Studie zeigt, dass 91 % der Demokraten vollständig geimpft sind, während nur 60 % der Republikaner mindestens eine Dosis erhalten haben.'

'60 %, 60 %, oh Gott, und wir sind in einem republikanischen Staat, das bedeutet, bis zu 40 % der Leute in diesem Raum könnten mich töten, und wahrscheinlich sogar noch mehr, da eine Dosis ja nicht einmal zählt.... oh Gott, oh Gott.... ich fühle mich verzweifelt....'

Das nächste, was ich wusste, war, dass ich in unserem Zimmer wieder zu Bewusstsein gekommen war. Ein Arzt blickte mich mit offensichtlicher Besorgnis an.

'Es scheint ein Fall von akuter Angst zu sein, Ma'am', sagte er. 'Was dieser Mann braucht, ist Urlaub.'

'Oh nein, ich will keinen Urlaub! Ich will zurück ins gute alte Irland, das Land der Vernünftigen, ich halte es hier nicht mehr aus!'

'Ich fürchte, ich kann Ihnen nicht weiterhelfen, Ma'am.' Und damit ging der Arzt. Meine Frau hielt meine Hand.

'Es tut mir leid, Liebste', sagte ich. 'Ich weiß, dass dies kein großer Urlaub für dich sein kann.'

'Es ist in Ordnung, Oisín. Du hast Recht, Angst zu haben. Schau, warum fahren wir nicht einfach nach Hause?'

Meine Augen leuchteten auf. 'Ja, meine Süße, lass uns einfach nach Hause gehen. Oh, ich kann es mir jetzt vorstellen.... eine Tasse Tee einschenken, das Radio einschalten, die neuesten Fallzahlen und Todesfälle hören, die Zeitung über die jüngsten Beschränkungen lesen.... oh, ich beruhige mich schon! Lass es uns tun, Liebling! Lass uns nach Hause gehen.'

Und damit buchten wir uns auf den nächsten Aer-Linctus-Flug zurück nach Irland. Was für ein Moment war es, wieder durch die Türen unseres eigenen Hauses zu kommen. Und kein Mickey Mouse in Sicht, obwohl ich bis heute, acht Monate später, immer noch keinen Disney-Film mit ihm darin ansehen kann, ohne einen Panikanfall zu bekommen. Meine Frau drängt mich, eine Therapie zu machen, um meine Ängste vor ihm mit einem ausgebildeten Fachmann zu besprechen, aber ich fürchte, das würde bedeuten, dass tief in meinem Unterbewusstsein etwas ernsthaft nicht stimmt. Also werde ich vorerst einfach so gut wie möglich weitermachen.

Was ich mit Sicherheit sagen kann, ist, dass ich nie wieder an einen so verrückten Ort wie Florida zurückkehren werde.

Wie auch immer, in gewisser Weise tut es mir leid, Sie durch all das oben Genannte ziehen zu müssen. Es gibt zwei Seiten der menschlichen Natur, und leider haben wir in den letzten Jahren ihre dunklere Seite in Hülle und Fülle erlebt. Aber wir haben auch unsere gute Seite in all den Bereichen erlebt, die wirklich zählen, und so bin ich froh, jetzt wieder zu sonnigeren Gefilden zurückzukehren und zu einem der bewegendsten und schönsten Aspekte dieser letzten Jahre.... ja, Sie haben es erraten! Es ist endlich Zeit, über den Impfstoff zu sprechen!

6

KAPITEL SECHS: ÄRMEL HOCH, ALLE ZUSAMMEN!

Wir kommen in diesem Stadium wirklich gut voran. Wir haben bereits einige der schädlichsten Mythen über Covid entlarvt und uns auch die besten und schlechtesten Reaktionen der Länder auf das Virus angesehen. Aber es gibt noch so viel mehr zu entdecken, und so wenden wir uns nun einem der beeindruckendsten und bewegendsten Aspekte dieser Pandemie zu: dem Impfstoff.

Hätten Sie es tatsächlich geglaubt, wenn Ihnen im März 2020 jemand gesagt hätte, dass alle großen Pharmaunternehmen nicht nur einen lebensrettenden Impfstoff entwickeln, sondern auch alle notwendigen Kontrollen und Abwägungen durchführen würden, um dessen absolute Sicherheit zu gewährleisten (ein Prozess, der normalerweise fast ein Jahrzehnt dauert), und das in weniger als neun Monaten? Und doch ist genau das passiert! Und nicht nur das, sondern diese großen Pharmaunternehmen würden diese Leistung mit einer Technologie erzielen, die zuvor noch nie für einen Impfstoff oder irgendein Medikament zugelassen worden war… Ich meine, es ist unglaublich.

Diese Menschen sind wahrlich unsere Ritter in glänzender Rüstung, und ich persönlich werde ihnen auf ewig dankbar sein.

Ich werde den Tag nie vergessen, an dem ich die SMS von meinem Hausarzt erhielt: „Oisín, ein Termin für Ihre Impfung ist frei geworden." Es war der schönste Moment, der glücklichste Tag meines Lebens, und ich war im Handumdrehen da und lächelte, als die Nadel eindrang. Und dann werde ich den zweitglücklichsten Tag meines Lebens nie vergessen, als ich die SMS für meine nächste Impfung erhielt. „Oh, Herr Doktor, es ist so schön, Sie wiederzusehen!", sagte ich, als er mir erneut in den Arm stach. Und dann, oh Freude der Freuden, kamen der dritte, vierte, fünfte, sechste, siebte glücklichste Tag meines Lebens, und jeder davon war reich an Euphorie. Und heute, während ich diese Zeilen schreibe, bin ich gerade von meiner achten Impfung zurückgekommen, und mir wurde versichert, dass ich endlich nicht mehr Gefahr laufe, an Covid zu sterben. Nun, höchstwahrscheinlich jedenfalls, aber ich werde so viele nehmen, wie ich muss. Oh, die Wunder der modernen Medizin, mehr kann ich dazu nicht sagen.

Tatsächlich habe ich persönlich kein Problem damit, den Impfstoff alle paar Monate zu nehmen, solange ich lebe. Ich bin sicherlich niemand, der dem typischen Anti-Impf-Trugschluss anhängt: „Oh, wenn die Impfstoffe wirken, warum bräuchte man dann immer mehr Auffrischungen, das zeigt doch, dass sie unwirksam sind." Die Frechheit dieser Leute! Merken sie nicht, dass sie über eine extrem fortschrittliche neue Technologie sprechen und dass wir alle einfach eine gute Portion Demut und Geduld angesichts dessen lernen sollten? Was ist also, wenn man eine vierte, fünfte oder zehnte Auffrischung braucht? Es ist doch nur ein kleiner Stich in den Arm.

Ich denke, Jacinda Ardern, die wunderbare Premierministerin Neuseelands und furchtlose Verfechterin des „kein-Unsinn-jemand-niest-in-den-Vorstädten-und-ganz-Auckland-wird-abgeriegelt"-Ansatzes, hat dieses Thema sehr gut formuliert, als sie sagte:

„Ihre erste Dosis ist wie der Kindergarten... Ihre zweite Dosis ist wie die Grundschule... und Ihre dritte Dosis ist wie die weiterführende Schule."[1]

Verdammt richtig, Jacinda! Unser Immunsystem braucht jede Hilfe, die es gegen Covid bekommen kann, und es sind wunderschöne „natürliche Lebenszyklus"-Analogien wie diese, die die Kernbotschaft wirklich verdeutlichen, dass wir alle diese medizinische Behandlung bis zum Ende durchziehen müssen.

Tatsächlich möchte ich Jacindas schöne Worte aufgreifen und sie noch erweitern: „Ihre vierte Dosis ist wie der Universitätsbesuch, Ihre fünfte ist wie Ihr erster richtiger Job, Ihre sechste ist wie Ihr Hochzeitstag, Ihre siebte ist wie eine Top-Beförderung, Ihre achte ist wie der Ruhestand, Ihre neunte ist wie der Einzug ins Altersheim und Ihre zehnte ist wie kurz vor Ihrer Beerdigung."

So muss man es wirklich sehen. Tun Sie, was Sie tun müssen, und erfüllen Sie Ihre Bürgerpflicht.

Oh, aber es ist kein Impfstoff!

Viel schlimmer als der Vorschlag, dass wir uns alle von nun an mindestens viermal im Jahr gegen Covid impfen lassen sollten, ist natürlich die verrückte Idee, dass die Covid-Impfstoffe überhaupt keine Impfstoffe sind! Tatsächlich ist dies eine der abwegigsten Behauptungen, die die Impfgegner aufstellen. Ehrlich gesagt, das intellektuelle Niveau dieser Leute. Die Wissenschaftler nennen sie Impfstoffe, die

Regierungen nennen sie Impfstoffe, auf dem Etikett steht „Impfstoff", und doch sind diese Leute immer noch nicht zufrieden... Man kann ein Pferd zu einer medizinischen Intervention führen, die Immunität hervorrufen soll, aber man kann es nicht zwingen, sich selbst zu impfen, oder wie auch immer das Sprichwort lautet.

„Oh, der Wirkmechanismus hat nichts mit traditionellen Impfstoffen gemeinsam!", tönen die Verrückten im Chor. „Die eigene Genetik dazu bringen, Covid zu erzeugen, das ist kein Impfstoff!" Sehen Sie, was mich betrifft, ist ein Impfstoff jede medizinische Intervention, bei der man jemandem etwas injiziert, um ihn gegen einen bestimmten Erreger immun zu machen: Es spielt keine Rolle, wie man dorthin gelangt, solange man es tut.

Und, oh Mann, wie diese Impfstoffe dieses Ziel erreichen! Wenn überhaupt, dann zeigen die bisher verwendeten Covid-Impfstoffe, wie absolut genial die Wissenschaftler sind, die die Technologie dahinter entwickelt haben.[2] Ich meine, jemandem eine Anweisung in sein RNA-Gensystem zu injizieren, um das Spike-Protein von Covid zu erzeugen, damit der Körper dann eine Immunantwort entwickeln kann – das ist doch einfach fantastisch, oder? Tatsächlich, wenn die Geschichte der Covid-Impfstoffe als Film dargestellt würde, würde ich ihn *Der erstaunliche Herr Spike* nennen (wissen Sie, ein bisschen wie *Der talentierte Mr. Ripley* oder *Der fantastische Mr. Fox*). Wenn man darüber nachdenkt, ist die Idee, ein bisschen inaktiviertes Virus in einem Impfstoff zu haben, doch einfach altmodisch, nicht wahr?

Und was all die Impfgegner angeht, die über diese Stanford-Studie [3] reden, die zeigte, dass das Spike-Protein bis zu zwei Monate nach der Impfung (sogar in den Lymphdrüsen) im Körper zirkulierte und dass dasselbe nach einer

Covid-Infektion nicht auftritt... ehrlich gesagt, sie tun so, als wäre es schlecht, das Spike-Protein im Körper herumhängen zu haben. Begreifen sie nicht, dass es umso besser ist, je mehr Bereiche des Körpers es erreicht? Dass, wenn es in Ihrem Lymphsystem oder Ihrem Gehirn oder Ihren Nieren herumhängt, diese Teile alle ihre eigene brillante Immunität gegen Covid entwickeln? Auf diese Weise wird Ihr ganzer Körper von innen nach außen geschützt, und das ist nur einer der Gründe, warum diese Impfstoffe meiner Meinung nach einfach beeindruckend sind.

Auch dieser ganze „es ist kein Impfstoff"-Unsinn klingt für mich ehrlich gesagt ein bisschen diskriminierend. Wenn sich der Impfstoff als Impfstoff identifiziert, wer sind wir dann, das Gegenteil zu behaupten?

Massenimpfung mitten in einer Pandemie: Wahrscheinlich die beste Idee der Welt

Jedenfalls, nachdem nun dargelegt wurde, wie wunderbar diese Impfstoffe sind, sollte es jedem mit einem halben Gehirn klar sein, dass jeder sie nehmen muss. Denn niemand ist sicher, bis alle sicher sind. Und doch würden Ihnen die Dummköpfe im Raum trotzdem sagen, dass man in einer Pandemie niemals massenhaft impfen sollte. Ich weiß! Sicher, wenn jemals ein Impfstoff für einen tödlichen Erreger benötigt wurde, dann doch jetzt?! Wie können diese Impfgegner ehrlich glauben, dass ihre hochnäsigen intellektuellen Anmaßungen uns auch nur einen Moment lang täuschen könnten?

Tatsächlich wurde diese äußerst schädliche Idee insbesondere von einem gewissen „Vakzinologen" namens Geert Van Der Bossche verbreitet. Und was genau hat dieser Van Der Geschirrspüler zu sagen? Nichts anderes, als dass eine

Massenimpfung während einer wütenden Pandemie Covid nur dazu bringen werde, immer „schlauer" zu werden, da es weit verbreitete impfstoffinduzierte Antikörper erkenne und sich dann neu anpasse, um neue und infektiösere Varianten zu schaffen. Mit anderen Worten: Das Impfprogramm sei lediglich ein Katalysator für die Entstehung vieler neuer Covid-Iterationen, gegen die die aktuellen Impfstoffe letztendlich nicht viel nützen würden. Ehrlich, können Sie diesem Mann glauben?! Obwohl ich zu 100 % zustimme, dass Covid extrem „smart" ist (im Gegensatz zu diesem totalen Glücksritter), gibt es einen offensichtlichen Fehler in seinem Argument. Wenn die Massenimpfungen neue Varianten befeuern, dann müssen Sie nur neue Impfstoffe entwickeln! Da, Problem gelöst. Ihr aktueller Waschgang ist wohl und wahrhaftig vorbei, Geert!

Wie auch immer, Leute wie Geert haben offensichtlich nur Probleme der ersten Welt im Kopf, und Sie können sicher sein, dass sie sich nie um unsere weniger glücklichen Mitmenschen kümmern. Ich meine, was ist mit der Entwicklungswelt? Sollen wir den Menschen dort den Zugang zu den Impfstoffen verwehren, nur weil Leute wie Geert meinen, niemand sollte überhaupt geimpft werden? Natürlich nicht! Lassen Sie mich Ihnen eine kleine Geschichte erzählen, eine, die hoffentlich Ihre Stimmung heben und Sie inspirieren wird, was Sie wirklich erreichen können, wenn Sie sich darauf konzentrieren....

Die Impfstoffe zu denen bringen, die sie am dringendsten brauchen

So ungezügelt erfolgreich die Impfkampagne in meinem eigenen Land und in so vielen anderen entwickelten Ländern auch war, so war dies leider nicht überall der Fall.

Für jemanden wie mich, der sich so sehr wünscht, dass die Vorteile der Wissenschaft so weit wie möglich verbreitet werden, war dies die Quelle größter Traurigkeit. „Warum weinst du, Oisín?", fragt mich meine Frau oft, wenn ich mitten in der Nacht aufwache und vor mich hin schluchze. „Es ist, weil es so viele Orte auf der Welt gibt, die die Impfstoffe noch nicht haben, Liebste!", werde ich antworten. „Du weißt, Orte in der Entwicklungswelt wie Ruanda oder El Salvador." Sie legt dann ihre Arme um mich, und wir weinen uns wieder in den Schlaf.

Doch bei einer solchen Gelegenheit hatte meine Frau einen kleinen Geistesblitz.

„Oisín, erinnerst du dich an den Ort, den wir neulich im Fernsehen gesehen haben, die kleine Bergrepublik in Europa, von der wir beide noch nie gehört hatten... wie hieß sie noch mal?"

„Ähm, ähm, oh, ja, die F.S.R.B., die ehemalige Syldavische Republik Bogrenien, nicht wahr? Es ist erstaunlich, welche Orte existieren, von denen man noch nie gehört hat, nicht wahr?"

„Absolut, Liebling. Nun, ich google sie gerade, und hier steht, dass ihre aktuelle Covid-Impfquote nur 0,3 % beträgt. Warum hilfst du ihnen nicht? Du weißt schon, gründe eine Wohltätigkeitsorganisation, ‚Impfungen für Bogrenien' oder so etwas? Und dann kannst du dorthin fahren und die ganze Nation impfen. Hier steht, dass die Bevölkerung nur 23.000 beträgt. Stell dir vor, wenn du dort alle schützen könntest, was für einen Unterschied das machen würde. Nicht jeder kann sagen, dass er ein ganzes Land gerettet hat, weißt du..."

„Nein, das könnte ich nicht, Liebste, welche Qualifikationen hätte ich denn, um so etwas zu tun..."

„Aber du bist ein Experte, Oisín!"

„Oh, das bin ich ja! Nun... ich nehme an... ja, vielleicht könnte ich! Nein... ich werde, ich werde!"

Und so, sechs Monate nach diesem schicksalhaften Gespräch, lieber Leser, befand ich mich in einem Flugzeug nach Brámstokeravia, der Hauptstadt der F.S.R.B. Es war, das muss ich zugeben, ein etwas unbeholfener Flug, da ich der einzige Passagier war (ich hatte alle Sitze buchen müssen, um 150 Säcke lebensrettender Impfstoffe im Frachtraum mitzunehmen), und die Flugbegleiter sahen mich an, als wäre ich der seltsamste Mann der Welt. Aber ich lächelte sie einfach zurück und versicherte ihnen, dass ich Pläne hatte, ihre gesamte Nation zu retten. Nun, ich bin nicht sicher, ob sie mein Lächeln durch meine drei Masken sahen, aber ich tat mein Bestes, um meine guten Absichten zu vermitteln.

Nachdem ich am Flughafen etwa 40 Taxis gemietet hatte, kam ich im Hotel an und stellte fest, dass mir nur etwa zehn von ihnen gefolgt waren und der Rest mit den Impfstoffen verschwunden war. „Ach, nun, egal", dachte ich mir, „ich bin sicher, sie werden die Impfstoffe trotzdem ihren Freunden und Familien zur Verfügung stellen... was macht es schon, ob ich die Spritzen verabreiche oder sie? Und ich habe immer noch jede Menge davon, genug für meine Klinik, ganz sicher." Dann gönnte ich mir eine dringend benötigte Nachtruhe.

Am nächsten Morgen, schwitzend und keuchend, nachdem ich mich durch all das Gepäck in meinem Zimmer gekämpft hatte, ging ich hinunter, um mein übliches veganes Frühstück aus Chiasamen auf einem Bett aus Grünkohl zu suchen. Da dies nicht verfügbar war, goss ich mir eine Tasse Kaffee ein und nahm die Lokalzeitung zur

Hand. Es ist immer gut, etwas über das Geschehen in den Ländern zu erfahren, die man besucht... ich muss jedoch zugeben, dass mich die Schlagzeile etwas überraschte:

> „DROGENBARON VLADIMIR DER ZERREISSER INSZENIERT ERFOLGREICHEN PUTSCH UND BEANSPRUCHT NUN DIE HERRSCHAFT ÜBER DIE STADT NACH DEM EINSATZ EINER MÄCHTIGEN, NEUEN WAFFE
>
> Brámstokeravia steht nun nach ihrem erfolgreichen Putsch gestern Abend unter der nahezu vollständigen Herrschaft der Mitglieder des lokalen Drogenbarons Vladimir des Zerreißers. Der plötzliche Umschwung in den politischen Geschicken des Landes scheint dem verheerenden Einsatz einer neuen Waffe zu verdanken zu sein, die sowohl die Regierung als auch ihre Militärführer vor Angst zittern ließ und ihnen keine andere Wahl ließ, als die Macht zu übergeben.
>
> Gestern Abend stürmten Hunderte von Vladimir des Zerreißers Bandenmitgliedern das Parlament, bewaffnet mit dem, was Spritzen zu sein schien. Die Politiker und Soldaten lachten sie nur aus, bis ein ahnungsloser politischer Berater von einem von Vladimir des Zerreißers Anhängern injiziert wurde und prompt tot umfiel. Daraufhin trat der Premierminister aus Angst und Einschüchterung zurück und übergab alle Macht an Vladimir den Zerreißer.
>
> BILD DES PRÄSIDENTEN, DER DIE MACHT ÜBERGIBT, MIT VLADIMIR DEM ZERREISSER NEBEN IHM, DER EINE SPRITZE AN SEINEN HALS HÄLT...“

An diesem Punkt schaute ich aus dem Fenster und sah Soldaten, die die Straßen patrouillierten, „bewaffnet“ mit genau den Impfstoffen, die ich erst gestern ins Land gebracht hatte. Zwei solcher Soldaten mussten sie nur in Richtung einiger Jugendlicher zeigen, die an einer Straßenecke herumlungerten, damit diese weinend nach Hause zu ihren Mamas rannten.

Ich muss zugeben, dass ich mich zu diesem Zeitpunkt etwas verlegen fühlte. Aber ich versuchte, optimistisch zu bleiben. Schließlich war der Tod des Beraters mit ziemlicher Sicherheit ein unglücklicher Zufall und hatte nichts mit den Impfstoffen zu tun (die sicher und wirksam sind), und wenn die neue Regierung die Impfstoffe als ihr primäres Werkzeug für Recht und Ordnung einsetzte, nun ja, dann würde dies dem Land sicherlich tatsächlich viel Nutzen bringen. Als ich also meinen Morgenkaffee beendete, dachte ich darüber nach, dass meine Reise dieser feinen Nation unterm Strich bisher viel mehr Gutes als Schaden gebracht hatte.

Von dieser Tatsache sehr beflügelt, machte ich mich auf die Suche nach dem Gebäude, das ich vor meiner Ankunft erworben hatte und das ich als meine Impfklinik nutzen wollte. Es lag am Stadtrand, ein schöner Ort, umgeben von Pappeln und Fichten und viel frischer Luft. Da es sich um einen eher ländlichen Ort handelte, war es auch von Ziegen umgeben, die fröhlich alles Mögliche fraßen. Tatsächlich hatte ich in meinem Reiseführer gelesen, dass die Ziegen in diesem wunderbaren Land die Menschen um mindestens fünf zu eins übertrafen.

„Das wird sehr gut funktionieren", dachte ich mir, „ich könnte ja gleich anfangen." Also nahm ich einen Beutel Impfstoffe, stellte einen Tisch auf und befestigte ein kleines Schild: „Kostenlose Impfungen für alle". Dann setzte ich mich hin und wartete.

Eine Weile passierte nicht viel. Doch dann näherte sich mir ein Mann mittleren Alters mit einer Ziege an der Leine.

„Sie sind hier, um meine Ziege zu impfen?“, fragte er.

„Ähm, nein, diese Impfstoffe sind nur für Menschen...“

„Aber meine Ziege ist krank und Sie sagen ‚Impfungen für alle‘... bitte impfen Sie meine Ziege jetzt und machen Sie sie gesund.“

Obwohl technisch ungetestet bei Ziegen, war ich der Meinung, dass die Vorteile für diese spezielle Ziege die Risiken wahrscheinlich überwiegen würden und es ihr vielleicht sogar helfen könnte, falls in Zukunft ein eher launischer und ziegeninfizierender Covid-Stamm auftauchen sollte. Und es würde zumindest den Ball ins Rollen bringen bei meinen eigenen Bemühungen, die Nation zu impfen.

Sekunden nach seiner Impfung begann die Ziege Schaum vor dem Maul zu haben, kippte auf den Rücken, zappelte mit den Beinen in der Luft und machte die schrecklichsten Geräusche.

Der Mann sah mich missbilligend an. „Ihre Medizin macht meine Ziege nicht besser“, sagte er ziemlich, das musste ich zugeben, scharfsinnig.

„Nun, die E.U.A. (Notfallzulassung) erstreckt sich nicht auf Ziegen...“, murmelte ich, bevor ich hinzufügte: „aber sehen Sie, ich bin sicher, es geht ihm gleich besser. Sehen Sie, er hat jetzt aufgehört zu blöken...“

„Das liegt daran, dass er tot ist.“

„Ah, so ist es.“

„Sie haben meine Lieblingsziege getötet.“

„Es tut mir so leid, gibt es etwas, das ich tun kann, um es wieder gutzumachen...“

„Sie haben meine Lieblingsziege getötet! Alle herkommen, dieser Mann hat meine Lieblingsziege getötet!“

Ich fand mich plötzlich umringt von etwa zwanzig

kräftig aussehenden Männern, die allzu sehr darauf bedacht schienen, das unglückliche Schicksal der Ziege zu rächen – ein Schicksal, das ich zweifellos ihren eigenen Ziegen zufügen wollte und das, offen gesagt, ich befürchtete, sie würden es mir zufügen...

Gerade als einer von ihnen mich mit etwas zu schlagen drohte, das wie ein Krummsäbel aussah (obwohl ich mir in diesem Punkt nicht absolut sicher sein kann, meine Augen waren in diesem Moment entschieden geschlossen), rief eine Stimme von jenseits der Menge:

„Halt! Ich möchte mit diesem Mann sprechen."

„Ja, Chef."

Die Menge wich zurück, und ich stand einem Mann gegenüber, der ganz in schwarzes Leder gekleidet war, Munitionsgurte trug und auf jeder Seite einen mit einer AK-47 bewaffneten Leibwächter hatte.

„Mein Name ist Drakulblüd, und ich bin der Anführer der Drakul-Bande. Woher haben Sie diese Spritzen, und sind es dieselben, die von meinem Erzfeind, Vladimir dem Zerreißer, verwendet werden, einem Mann, der unser Land nun so schamlos übernommen hat?"

Eine Möglichkeit erkennend, aus meiner alles andere als idealen Lage herauszukommen, beteuerte ich, dass dies tatsächlich der Fall sei, und, lieber Gott, wenn er sie alle wollte, könnte er sie haben, und was mir sonst noch in den Sinn kam – Sie wissen schon, die Art von Dingen, die man in solchen Situationen sagt.

„Ich werde Ihr Leben im Austausch für diese Spritzen verschonen. Bringen Sie mich zu ihnen."

Später an diesem Tag, nachdem die Impfstoffe übergeben worden waren, beschloss ich, dass es Zeit für mich war, die ehemalige Syldavische Republik Bogrenien zu verlassen. Während der Taxifahrt zum Flughafen sah ich ganze Banden auf den Straßen, die sich gegenseitig Spritzen injizierten, und in der Ferne Rauchwolken, die aus den Regierungsgebäuden aufstiegen. Am Flughafen, als ich über meine Reise nachdachte, kam ich zu dem Schluss, dass, obwohl die Dinge nicht ganz so gelaufen waren, wie ich es geplant hatte, das Nettoergebnis war, dass unzählige Tausende der Menschen der F.S.R.B. nun gegen Covid geimpft sein würden und dass dies, wenn überhaupt, eine Situation war, in der der Zweck sicherlich die Mittel heiligte.

Also klopfte ich mir auf die Schulter für eine gut gemachte Arbeit und freute mich darauf, zu meiner Frau ins gute alte Termonfeckin zurückzukehren und ihr alles darüber zu erzählen.

Unsere pelzigen Freunde impfen

Ich kann nur hoffen, dass die Geschichten meiner erfolgreichen Reise in die ehemalige Syldavische Republik Bogrenien Regierungen und NGO-Gruppen überall dazu inspirieren werden, Impfstoffe in die Länder zu schicken, wo sie am dringendsten benötigt werden. Schließlich ist niemand sicher, bis alle sicher sind. Tatsächlich, während ich neulich über die unbestreitbaren Wahrheiten nachdachte, die in dieser Tatsache liegen, wurde mir plötzlich, sehr zu meinem Entsetzen, klar, dass wir das Netz nicht weit genug gespannt haben. Denn, und ich hasse es, das zu sagen, war unser Ansatz bei der Impfkampagne nicht ein bisschen... speziesistisch? Ich meine, ist es nicht so, dass auch einige Tiere Covid bekommen? Warum haben wir keinen Impfstoff für sie entwickelt? Und nicht nur zu ihrem Wohl, sondern auch zu unserem eigenen, denn besteht nicht eine hohe Wahrscheinlichkeit, dass die Übertragung unter Tieren zu wahrhaft monströsen neuen Varianten führen könnte, für die wir dann neue Impfstoffe benötigen werden, und so weiter und so fort? Daher wurde mir mit einem ziemlichen Schrecken die tatsächliche Wahrheit bewusst: Niemand ist sicher, bis jeder Mensch, jede Katze, jeder Hund, jede Fledermaus, jeder Ameisenbär, jeder Hamster, jedes Känguru, jedes Schuppentier und, ja, jeder einzelne unserer pelzigen Freunde doppelt geimpft ist und ein Auffrischungsprogramm für den Rest ihres Lebens hat.

Nun, Kritiker könnten sagen, dass dies eine unrealistische und wahrhaft mammutartige Aufgabe ist (nun, sie müssen zumindest nicht geimpft werden!). Aber während es, ja, um die Sicherheit aller von uns geht, aus den gerade genannten Gründen, geht es auch um das Wohlergehen unserer Haustiere, die bisher während dieser Pandemie keine Stimme, ja nicht einmal einen Mucks, hatten. Die ganze Zeit über haben unsere Katzen und Hamster unter den schlimmsten Schnupfen und Erkältungen ihres kleinen Lebens gelitten, und niemand hat sich für sie eingesetzt. Und, schlimmer noch, einige unserer Haustiere haben zweifellos „Long Covid" bekommen. Meine Katze Fauci zum Beispiel verbringt ihre ganze Zeit damit, herumzuliegen und überhaupt nichts zu tun. Ich kann mir nur vorstellen, dass dies daran liegt, dass er unter den schlimmen Auswirkungen dieser verheerenden postviralen Krankheit leidet. Ähnlich besorgt bin ich über die Niesanfälle, die ich bei Klaus, meinem Sittich, sehe, und ich fürchte die deutliche Möglichkeit einer mutierten Form von Covid unter unseren gefiederten Freunden. Dies würde wahrscheinlich die „Vogelübertragene Covid-Todesplage-Krankheit" (VCTK) oder so ähnlich genannt werden. Sie haben es hier zuerst gehört, jedenfalls. Kurz gesagt, wenn es uns darum geht, Leid zu mindern, wo immer es zu finden ist, dann haben wir einfach keine andere Wahl, als mit der Entwicklung von Impfstoffen zu beginnen, die für jede einzelne Spezies auf dem Planeten geeignet sind.

Ich kann jedoch nicht genug betonen, dass es auch stark in unserem eigenen Interesse liegt, diesen Weg einzuschlagen. Ich habe oben auf die Möglichkeit hingewiesen, dass neue, „monströse" Varianten infolge der Übertragung durch Tiere entstehen könnten, und ich verwende dieses Wort nicht leichtfertig. Tatsächlich könnten wir es, sozusagen, mit „einer ganz anderen Art von Bestie" zu tun bekommen. Persönlich halte ich es keineswegs für weit hergeholt, sich ein Szenario vorzustellen, in dem ein virulenterer Stamm unsere Haustiere sogar dazu bringen könnte, sich zu erheben und auf die Straße zu gehen, um mit ihren Covid-infizierten Zähnen an den ahnungslosen Knöcheln vorbeigehender Menschen zu knabbern. Nun, wir sollten es jedenfalls nicht ausschließen: Niemand will eine Rebellion von schniefenden und hustenden Hamstern.

Und sollte so etwas eintreten, hätten wir absolut keine andere Wahl, als Massentötungen aller ungeimpften Haustiere und Tiere zu veranlassen. Es besteht für mich kein Zweifel, dass die dänische Regierung diese Bedrohung erkannte, als dort eine Handvoll Nerze Covid bekamen. Denn die Dänen handelten entschlossen und töteten nicht nur die Covid-infizierten Nerze, sondern auch jeden einzelnen Nerz im Land, insgesamt etwa 17 Millionen. Wer weiß, was diese Nerze angestellt hätten, wenn sie die geringste Chance gehabt hätten.

Meine Botschaft ist also klar: Wenn wir jetzt nicht dazu kommen, alle Tiere überall zu impfen, um ihr (und unser eigenes) Leben zu retten, könnte es in nicht allzu ferner Zukunft eine Zeit geben, in der wir fast jedes einzelne nichtmenschliche Lebewesen auf dieser Erde töten müssen. Also, ehrlich gesagt, sollten wir uns schleunigst um ein neues Tierimpfprogramm kümmern.

Und sobald die Katzen- und Sittichimpfstoffe verfügbar sind, können Sie sicher sein, dass Fauci und Klaus die Ersten sein werden.

Nun, es war eine Freude, in diesem Kapitel über die Ankunft dieser wundersamen Impfstoffe nachzudenken. Bizarrerweise ist natürlich nicht jeder derselben Meinung wie Sie oder ich, lieber Leser. Tatsächlich gibt es eine bestimmte Gruppe unter uns, die den Nutzen dieser Impfstoffe nicht nur für Tiere, die Entwicklungswelt oder gar für sich selbst nicht sieht... ja, endlich spreche ich von den Impfgegnern! Die Hauptbösewichte sind endlich in unsere Geschichte eingetreten. Und so zeigen wir ihnen ein für alle Mal, wer der Boss ist, ja?

7

KAPITEL SIEBEN: DIE IMPFGEGNER TRETEN AUF DEN PLAN!

Bis zu diesem Punkt haben wir viele der Mythen entlarvt, die von den Covid-leugnenden Spinnern unter uns verbreitet werden, aber jetzt, endlich, kommen wir zu den abscheulichsten Mythen von allen, jenen, die sich um den Impfstoff drehen. Denn Menschen, die Fehlinformationen über den Impfstoff verbreiten, sind meiner Meinung nach nicht schlimmer als Mörder.

Und deshalb sind sowohl dieses als auch das nächste Kapitel wohl die wichtigsten in diesem Buch. Lesen Sie sie sehr aufmerksam, damit Sie gewappnet sind, den Lügen der Impfgegner ein für alle Mal entgegenzuwirken.

Aber wo sollen wir anfangen? Ich schlage vor, dass wir uns zunächst auf ein paar der „Rädelsführer" der Impfgegner konzentrieren, sozusagen die Leute, zu denen die Verschwörungstheoretiker um Führung und Inspiration aufschauen. Entlarvt man die an der Spitze, so zerfällt das ganze Gebäude… und es gibt insbesondere zwei, deren Äußerungen in den verrückteren Ecken des Internets überquellen: Männer namens Robert Malone und Peter McCullough.

Also, fangen wir damit an, diese zwielichtigen Charaktere an ihren richtigen Platz zu verweisen, einverstanden?

Robert Malone: Der größte Impfgegner von allen

Es wäre schwer, jemanden zu finden, der mehr in die Erzählung der Impfgegner passt als Dr. Robert Malone. Und warum? Weil, obwohl Dr. Malone angeblich die Technologie für die mRNA-Impfstoffe „erfunden" haben soll, er dennoch Zweifel an deren Sicherheit äußert und ein prominenter Kritiker der Impfstoff-Einführung ist. Wenn der Erfinder der Impfstofftechnologie Sicherheitsbedenken bezüglich der Impfstoffe hat, sollten wir ihm dann nicht alle zuhören, bla, bla, bla, so eine Art Argument... ehrlich gesagt, man könnte es sich nicht einmal ausdenken, wenn man es versuchen würde.

Wie auch immer, was für ein Unsinn. Tatsächlich gibt es vier Hauptgründe, warum ich kein einziges Wort glauben würde, das aus Malones Mund kommt.

Zunächst einmal: Werfen Sie nur einen Blick auf ihn, und Sie werden sofort bemerken, dass er einen großen Bart hat. Nun, dies ist ein Merkmal, das viele Impfgegner teilen: Sie leben in Wohnwagen am Ende der Welt, laufen in Unterwäsche herum, kratzen sich und werden im Allgemeinen sehr nachlässig in Sachen Körperhygiene. Bärte sind eine natürliche Folge davon und als solche ein sehr schlechtes Zeichen.

Zweitens: Der Mann „behauptet" also, die Technologie für die mRNA-Impfstoffe erfunden zu haben, nicht wahr? Sagt, er besitze die Patente für diese Technologie? Nun, das bezweifle ich sehr. Warum um alles in der Welt sollte jemand, der eine Technologie erfunden hat, die jetzt zur

RETTUNG DER GANZEN WELT eingesetzt wird, nicht den GESAMTEN ihm zustehenden Ruhm einfordern wollen? Warum sollte eine solche Person riskieren, von den Mainstream-Medien verunglimpft, verleumdet und ausgegrenzt zu werden, rein aus einer angeblichen „Prinzipienfrage"? Die ganze Vorstellung erscheint mir völlig abwegig... ich glaube es nicht und Sie sollten es auch nicht.

Drittens: Der Mann besitzt eine Farm und hat anscheinend Pferde darauf. Das macht mich sofort misstrauisch, dass er wahrscheinlich jede Menge des Pferde-Entwurmungsmittels Ivermectin bestellt hat und zweifellos etwas davon zu seinem Morgenkaffee als Teil eines scharlatanhaften Covid-Präventionsprotokolls nimmt. Ich kann mir die Szene jetzt vorstellen... in seinem Wohnmobil ruft seine Frau, die wahrscheinlich Betsy oder Bugsy oder so ähnlich heißt, ihm zu: „Bobby, Schatz, möchtest du ein oder zwei Löffel Pferde-Entwurmungsmittel in deinem Kaffee?" – „Zwei, meine Liebste, und vergiss nicht, eine Prise Bleichmittel hinzuzufügen."

Viertens wurde er von Twitter entfernt, weil er irreführende Informationen gepostet hatte. Wenn Sie jemals einen Beweis dafür brauchten, dass der Mann antiwissenschaftlichen Unsinn verbreitet, dann brauchen Sie nicht weiter als diese Tatsache zu suchen. Twitter hält die höchsten Standards des wissenschaftlichen Diskurses auf seiner Plattform ein. Ich meine, erinnern Sie sich an meinen früheren Punkt, dass ich ziemlich sicher bin, dass ihre Faktenchecker wahrscheinlich mindestens einen Doktortitel in Virologie haben müssen... diese Leute sind so klug, dass sie den kleinsten wissenschaftlichen Fehler erkennen können, der den Rest von uns nicht einmal mit der Wimper zucken lassen würde, wie das alte Sprichwort sagt. Wenn Twitter also der Meinung ist, dass der Mann, der angeblich die mRNA-Technologie „erfunden" hat, irreführende und schädliche Bedenken hinsichtlich der Verwendung dieser Technologie äußert, dann habe ich absolut keinen Grund, an ihnen zu zweifeln.

Wie kann es sein, dass jemand diesen Mann ernst nehmen kann? Es ist wirklich unglaublich. Diese Pandemie war in der Tat eine Pandemie der Fehlinformationen, so viel ist sicher, nicht wahr?

Dieses Phänomen zeigt sich auch deutlich, wenn wir uns nun Peter McCullough zuwenden, einem weiteren der prominentesten Impfgegner da draußen.

Impfgegner-Rädelsführer Nr. 2: Peter McCullough

Wer ist dieser Mann eigentlich? Nun, wenn man ihm glauben würde, ist er ein führender US-Kardiologe, mit nicht weniger als den meisten veröffentlichten Arbeiten in seinem Fachgebiet, und jemand, der im November 2020 vor dem US-Senat über die frühe ambulante Behandlung von Covid aussagte. Ehrlich gesagt, ist das nicht genau die Art von heimtückischem Zeug, das wir von Impfgegnern erwarten? Können Sie sehen, wie geschickt sie sich verkleiden können, um wie Experten auszusehen? Warum erkennen diese Leute nicht, dass Experten nur auf unserer Seite des Zauns existieren?

Um ehrlich zu sein, hatte ich von diesem Scharlatan schon genug, als ich seine Biografie las, aber im Interesse, die breite Öffentlichkeit über Covid-Fehlinformationen aufzuklären, zwang ich mich, ihn noch etwas genauer zu recherchieren. Und was ich herausfand, ist, dass er natürlich in keiner geringeren Sendung als der Joe-Rogan-Show auftrat, dem wohl einflussreichsten Podcast der Welt und einem, der seinen fairen Anteil an Covid-Leugnern hatte. Als ich mich zwang, Rogans Interview mit McCullough anzuhören, fand ich tatsächlich einen sehr hinterhältigen Kunden. Zum Beispiel hatte McCullough die Dreistigkeit zu behaupten, er sei hauptsächlich daran interessiert, Leben vor Covid-19 zu retten (ich weiß, man könnte es sich nicht ausdenken!) mit dem, was er „Frühbehandlungsprotokolle" nannte... Frühbehandlung, was für ein Witz, wir alle wissen, dass der einzige wissenschaftliche Weg, mit Covid umzugehen, darin besteht, zwei Jahre lang drinnen zu bleiben und auf den Impfstoff zu warten, sieben davon zu nehmen und dann noch länger drinnen zu bleiben. Und doch schlug er ungeniert vor, dass Hunderttausende von Leben hätten gerettet werden können, wenn ein anderer Ansatz gewählt worden wäre... Gott, wie krank, dachte ich mir, dass ein Impfgegner behaupten sollte, sich um die Rettung von Leben vor Covid zu kümmern. Ich konnte es einfach nicht mehr ertragen und hörte sofort auf zuzuhören.

Um Ihnen das gleiche Schicksal zu ersparen, hier ist ein Transkript, wie ich mir den Rest seines Gesprächs mit Joe Rogan vorstelle, nachdem McCullough seine heilige Maske fallen ließ:

> „Joe: Also, sagen Sie mir, will Bill Gates Ihren Hamster kriegen?
>
> McCullough: Absolut. Und er will nicht nur meinen Hamster kriegen, sondern auch Ihren und den aller anderen. Tatsächlich musste ich Hubert und seinen Käfig an einem unbekannten Ort unterbringen, damit Bill ihn nicht finden kann.
>
> Joe: Das scheint mir eine vernünftige Vorsichtsmaßnahme zu sein. Ich könnte dasselbe mit Harald tun. Also, wirklich, das ist eine weltweite Anstrengung einer Gruppe

von Eliten, die eine Entvölkerungsagenda haben, die auf Hamster abzielt?

McCullough: Ja, genau das ist es, was vor sich geht. Es ist gut dokumentiert. Die Eliten haben längst erkannt, dass ein Hamster-Entvölkerungsprogramm eine potenziell lukrative Übung ist, und darum geht es hier. Das Impfprogramm für Menschen ist nur eine Fortsetzung der eigentlichen Agenda, die darin besteht, alle Hamster loszuwerden.

Joe: Das macht total Sinn. Aber warum nicht direkt die Hamster impfen, warum zuerst ein Programm für Menschen?

McCullough: Ein weltweites Hamster-Impfprogramm würde den Menschen allein und aus heiterem Himmel nicht viel Sinn machen. Es würde, sagen wir mal, ein wenig seltsam erscheinen und die Leute würden es vielleicht nicht akzeptieren. Viel besser ist es, alle an die Idee zu gewöhnen, dass es ein tödliches Virus gibt und dass wir alle Menschen impfen müssen. Wenn sich das Virus dann zufällig auf Hamster „ausbreitet" und sie zu einer „Bedrohung" werden...

Joe: Dann wird das Hamster-Impfprogramm eine offensichtliche Notwendigkeit?

McCullough: Genau."

Nun, das, Leute, ist die Art von lächerlichem Unsinn, den Impfgegner wirklich glauben, und lassen Sie sich von ihnen oder irgendjemand anderem nicht vom Gegenteil überzeugen. Frühbehandlungsprotokolle... du meine Güte, was für ein absoluter Müll.

Aber da wir gerade bei diesem Thema sind, fühle ich mich verpflichtet, mich allgemein zu dem großen Joe-Rogan-Spotify-Debakel zu äußern... sicher, Joe wusste wirklich nicht, was auf ihn zukam, als er beschloss, einige der führenden Aluhut-Verschwörungstheoretiker zu interviewen, nicht wahr? Nicht nur zogen mehrere weltberühmte Künstler als Folge dieser Podcasts all ihre Musik von der Plattform zurück, sondern auch Prinz Harry und Meghan setzten sich, wie es ihre Art ist, für all das Schöne und Wahre ein und äußerten ebenfalls ihre aufrichtigsten Bedenken. Es ist erstaunlich, wie dumm diese Verschwörungstheoretiker sind, wenn selbst mit all ihren angeblichen medizinischen Abschlüssen und Jahren der Forschung ihr Wissensstand so ist, dass sie immer noch leicht von Leuten wie Neil Young oder Meghan Markle und anderen, die ÜBERHAUPT keine Ausbildung in Virologie oder Impfstoffentwicklung haben, bloßgestellt werden können. Nun, was sagt Ihnen das darüber, wie dumm diese Verschwörungstheoretiker-Anführer wirklich sind?

Jedenfalls haben wir nun zwei der führenden Impfgegner entlarvt, was ausreicht, um Ihnen eine Vorstellung davon zu geben, von welchen Charakteren die Menschen getäuscht werden.

Aber was ist mit den negativen Auswirkungen, die sich aus den Fehlinformationen ergeben, die Leute wie McCullough und Malone verbreiten? In der Tat wäre alles in Ordnung, wenn die Impfgegner nur unter sich reden würden, in ihrer eigenen paranoiden kleinen Blase blieben, aber ihre gefährlichen Fehlinformationen haben reale Konsequenzen, indem sie gewöhnliche, anständige Menschen dazu bringen, an einer schrecklichen, neuen Krankheit zu leiden, einer Krankheit, die ich jetzt im Detail beschreiben werde....

Impfskepsis-Krankheit

Nun, ein alter Freund von mir, der zufällig Arzt ist, kam neulich auf einen angemessen sozial distanzierten Tee vorbei (wir sind beide mehrfach vollständig geimpft, aber man kann nie vorsichtig genug sein). Er blieb im Garten, ich öffnete das Küchenfenster, und wir riefen uns beide durch unsere Masken an. Es war etwas schwer, alles zu verstehen, was er sagte, wegen des winterlichen Sturms, der wehte, aber ich schaffte es tatsächlich, ihn ziemlich gut zu verstehen. Im Grunde informierte er mich, dass er immer mehr seiner Patienten mit einer schrecklichen neuen Krankheit namens 'Impfskepsis' diagnostiziert.

'Einige von ihnen sind sogar im Endstadium der Krankheit!', rief er.

'Oh, wirklich? Geben Sie mir ein Beispiel!', rief ich.

"Nun, eine langjährige Patientin, eine ältere Dame namens Margaret, kam vor ein paar Wochen zu mir. 'Doktor', sagte sie, 'ich bin sehr zögerlich, den Impfstoff zu nehmen.' (Und so hatte ich genau in diesem Moment meine klare Diagnose.) 'Und warum das, Margaret?' 'Nun, ich habe einen Nachbarn, der den Impfstoff genommen hat und dann, als er mich am nächsten Tag besuchte, hatte er einen Schlaganfall. Seine Sprache war sehr undeutlich, aber ich glaube, seine letzten Worte waren "Was auch immer Sie tun, nehmen Sie den Impfstoff nicht."' 'Ah, ich verstehe, Margaret, sehen Sie, diese Art von Person nennen wir einen "Impfgegner"'. 'Oh, ich verstehe, Doktor. Das wusste ich nicht. Sie meinen, sie können wie gewöhnliche Menschen wirken, Menschen, die man immer für normal und gut gehalten hat?' 'Absolut, Margaret. Es kann ein ziemlicher Schock sein, wenn man herausfindet, wie manche Menschen wirklich sind.'"

Ich unterbrach meinen Freund an dieser Stelle. 'Sie dachte doch nicht wirklich, dass der Tod ihres Nachbarn etwas mit dem Impfstoff zu tun hatte, oder?' 'Doch, das tat sie.' 'Aber weiß sie denn nicht, dass Korrelation keine Kausalität ist, post hoc nicht propter hoc und all das?' 'Nun, das war der Punkt, den ich ihr als Nächstes erklärte....'

Und so fuhr mein Freund mit seiner Geschichte fort:

"'Nun, ja, Doktor, ich hatte keine Ahnung, dass Séamus ein Impfgegner war. Er schien immer so normal. Aber danke für Ihre Beruhigung. Es gibt jedoch noch etwas anderes.... Ich sah auf Facebook etwas geteilt, das besagte, dass es in den USA über 28.000 gemeldete Todesfälle bei etwas namens VAERS gegeben hat und dass normalerweise ein Impfstoff zur Untersuchung zurückgezogen wird, wenn es 50 Todesfälle gibt....' 'Nun, Margaret, lassen Sie mich Sie auch hier beruhigen. Sehen Sie, es gibt ein Prinzip in der Medizin, das besagt, dass "Korrelation keine Kausalität" ist.... nur weil jemand kurz nach der Impfung stirbt, bedeutet das nicht, dass es die tatsächliche Ursache seines Todes war. Er könnte einfach über seine Katze gestolpert sein oder so – es gibt einfach keine Möglichkeit, das zu wissen.' 'Ah, ich verstehe. Also könnten all diese Todesfälle.... oder eben auch nicht durch den Impfstoff verursacht worden sein?' 'Das ist richtig.' 'Nun, das ist etwas beruhigend... nehme ich an.' 'Gut so, Margaret. Möchten Sie jetzt eine Spritze? Ich habe hier jede Menge.' 'Ähm, nun, warten Sie mal, Doktor, da ist noch eine andere Sache...'"

'Mein Gott, sie litt IMMER NOCH an Impfskepsis, selbst nach all Ihren Beruhigungen?' 'Ja, tatsächlich. Wie gesagt, es war ein fast tödlicher Fall der alten Zögerlichkeit, aber ich habe es am Ende geschafft, sie umzustimmen, Oisín.' 'Und wie haben Sie das gemacht?'

Mein Freund fuhr fort:

"'Ja, Margaret: Was beunruhigt Sie sonst noch?' 'Nun, ich habe selbst online recherchiert und bin auf eine Arbeit der Universität Stockholm gestoßen, die darauf hindeutet, dass diese Impfstoffe die DNA-Reparatur in vitro hemmen und dass dies sehr ernste langfristige gesundheitliche Auswirkungen haben könnte. Wir alle wissen, dass die Hemmung der DNA-Reparatur Krebs und so weiter fördern kann....' 'Nun, Margaret, Margaret, lassen Sie mich Sie sofort unterbrechen. Wissen Sie denn nicht, dass man nicht jedem alten Ding trauen kann, das man im Internet liest? Sicher, warum glauben Sie, dass wir die Leute ermutigen, niemals etwas über ihre Gesundheit zu googeln? Es ist genau für solche Szenarien, damit Sie nicht unnötig Angst bekommen.' 'Oh, nun, ich verstehe, Doktor. Also ist diese Studie Ihrer Expertenmeinung nach kein Grund zur Sorge?' 'Natürlich nicht, Margaret, natürlich nicht. Zunächst einmal sind Sie sehr alt, und Krebs braucht ewig, um sich zu entwickeln... also, wie wäre es, wenn Sie Ihre erste Spritze heute bekommen?' 'Oh, okay, Doktor, Sie haben mich überzeugt!' 'Gutes Mädchen, Margaret, gutes Mädchen. Nun, hier geht's los, nur ein kleiner Stich.... und fertig!'"

'Oh, gut gemacht!', gratulierte ich meinem Freund. 'Sie haben es am Ende geschafft, sie von ihrer Krankheit zu heilen!'

Und während meine Glückwünsche aufrichtig waren, beunruhigte mich die Erzählung meines Freundes immer noch sehr. Tatsächlich unterstreicht sie nur die ruchlose Nature dieses Impfgegner-Unwesens, sei es die unverhohlene Verbreitung von Fehlinformationen durch ihren Nachbarn im Moment seines Todes (typische emotionale Manipulation, wenn Sie mich fragen) oder die Präsentation von Daten über unerwünschte Ereignisse ohne Experteninterpretation. Kein Wunder, dass Margaret dann selbst anfing, hypochondrisch zu googeln. Um ehrlich zu sein, hat das ganze Gespräch mit meinem Freund mir wirklich die Augen geöffnet, was das Ausmaß der Fehlinformationsbedrohung angeht, der wir gegenüberstehen (und es hat mich auch heiser gemacht von all dem Schreien).

Als mein Freund ging, fragte ich ihn, wie es Margaret jetzt gehe.

'Ach, sie ist gerade im Krankenhaus und erholt sich von einem schweren Schlaganfall, aber zumindest war es nicht Covid, das sie dorthin gebracht hat.'

Die 'Freiheitskämpfer' der Impfgegner

Nun, wir haben gerade die schädlichen Auswirkungen gesehen, die Impfgegner auf völlig unschuldige Menschen haben können, aber das ist nicht alles von ruchloser Natur, was sie anstellen können. Tatsächlich haben sie auch zunehmend die Frechheit, auf die Straße zu gehen und soziale Unruhen zu verursachen, indem sie für Ideale wie 'Freiheit', 'körperliche Autonomie' und andere solche Ideen protestieren, die nur zeigen, wie psychisch krank sie alle sind.

Schlimmer noch ist, dass diese Versammlungen die tapferen Mitglieder unserer Polizei von ihren ohnehin schon schweren allgemeinen Aufgaben abziehen, wie zum Beispiel dem Umgang mit Niesvorfällen in der Öffentlichkeit, und sie sozusagen an die Covid-'Frontlinien' versetzen. Wie mutig sind unsere Polizisten und Polizistinnen, wenn sie dem rechtsradikalen Gespucke dieser Unerwünschten entgegentreten! Ich erinnere mich gut an die chaotischen Szenen in meiner eigenen schönen Stadt Dublin, als die Demonstranten dort die Straßen füllten. Ich bin jedoch froh sagen zu können, dass sie den jungen Männern und Frauen der An Garda Síochána, die alle dreifach maskiert waren, Schutzvisiere trugen und sterilisierte Schlagstöcke mit sich führten, überhaupt nicht gewachsen waren.

Doch so sehr ich Dublins wunderbare Polizei bewundere, muss ich doch wieder einmal zugeben, wenn auch mit größtem Widerwillen, dass andere Länder uns in Bezug auf die Covid-Gesetzesdurchsetzung übertroffen haben. Als ich von der Ankündigung des lieben Präsidenten Macron hörte, er wolle die Ungeimpften 'bis zum bitteren Ende anpissen', wusste ich, dass ich mir selbst ansehen musste, wie ein Staat mit der militärischen Macht eines Landes wie Frankreich die Proteste der Impfgegner anging. Gleichzeitig spürte ich auch, dass die Scheiße auf den Straßen von Paris sehr bald den Ventilator treffen würde und dass ich dort sein musste, um darüber zu berichten. Und so rief ich meinen Redakteur bei der The Oirish Times an, er gab grünes Licht und, klar, ich fuhr los. Ein paar Tage später erschien dies auf den Titelseiten.... eines der besseren Stücke meiner vielen exzellenten Artikel, muss ich sagen:

> "SEHR TAPFERE FRANZÖSISCHE SOLDATEN IN PANZERN UND BEWAFFNETE GENDARMEN STELLEN SICH DER EXTREMEN, POTENZIELL TÖDLICHEN BEDROHUNG DURCH IMPFGEGNER-TRÖPFCHEN ENTGEGEN
>
> Als Zehntausende von Autos und Lastwagen des sogenannten 'Freiheitskonvois' aus dem ganzen Land aufbrachen, um das Zentrum von Paris zu überfallen, entschied Präsident Macron, dass es wirklich genug war. In einer Fernsehansprache an die Nation legte der Präsident seinen Plan dar: 'Wir werden von einer Armee von Extremisten überfallen, von denen jeder potenziell tödliche Mengen an

Covid in sich tragen könnte. Also werde ich die Armee rufen, um sie zu "emmerder".'

Der Verweis auf 'emmerder' ist repräsentativ für Macrons bevorzugte Gesundheitspolitik im Umgang mit Ungeimpften. Typischerweise in der ausländischen Presse mit 'anpissen' übersetzt, freue ich mich berichten zu können, dass seine wahre Bedeutung tatsächlich 'vollscheißen' ist (ach, ist Französisch nicht die Crème de la Crème aller Sprachen?) Die Ankündigung des Präsidenten brachte den Parisern, die verständlicherweise Angst hatten, Paris könnte ein weiteres Ottawa werden, große Erleichterung. 'Oh mon Dieu', sagte ein Bewohner, 'meine Frau und ich hatten solche Angst, dass es viel "Onking" durch die Nacht geben würde und dass dies unser Liebesleben unterbrechen würde.'

Wenn die Impfgegner-Demonstranten erwartet hatten, sich mit ihren Autos und Lastwagen auf den Champs-Élysées niederzulassen, wurden sie bitter enttäuscht. Am Stadtrand von Paris wurden sie von Panzern, die speziell für diesen Anlass eingesetzt wurden, und voll bewaffneten Soldaten und Gendarmen empfangen. Konvoi-Autos wurden von Gendarmen angehalten, die ihre Waffen auf die Fahrer richteten, während die Panzer die Demonstranten in ihren Spuren stoppten. Der Pariser Polizeichef, Michel Moustache, soll gesagt haben: 'Wir waren ehrlich gesagt sehr besorgt, da wir nicht sicher waren, ob unsere Panzer und Waffen den großen Mengen ungeimpften Speichels gewachsen wären, die in unsere Richtung hätten gespuckt werden können. Aber am Ende gelang es uns, den Konvoi problemlos umzudrehen, gerade rechtzeitig, um alle ein schönes Vier-Gänge-Mittagessen zu genießen, das in einer wunderbaren Crème brûlée gipfelte und mit etwas Burgunderwein heruntergespült wurde.'

Oisín MacAmadáin ist Experte im Hause der The Oirish Times“

Die Franzosen lassen sich nichts gefallen, das kann ich Ihnen sagen! Ich denke, wir könnten in Irland von ihrem Ansatz lernen. Natürlich bräuchte unsere Armee dafür tatsächlich einen Panzer.... aber wenn die Bedrohung durch Impfgegner, die durch die Straßen marodieren, nicht ausreicht, damit unsere Regierung das Militärbudget etwas mehr priorisiert, dann weiß ich nicht, was.

Ich sollte an dieser Stelle natürlich die lästigen, randständigen Trucker in Kanada erwähnen, die dieses ganze ‘Freiheitskonvoi’-Geschäft überhaupt erst ins Rollen gebracht haben, und zufällig habe ich beschlossen, ihnen einen eigenen Abschnitt zu widmen. Und so.... lesen Sie weiter!

Oisín fährt in den hohen Norden: Treffen mit den rechtsextremen, impfgegnerischen, kanadischen Truckern

Ich bin niemand, der mit Namen prahlt, aber ich bin tatsächlich bester Freund des kanadischen Premierministers. Nicht nur seine teuflisch guten Aussehen bringen mich zum Schwärmen, sehr zur Sorge meiner Frau, sondern ich habe auch seine gesamte Covid-Politik als... nun... wie soll ich es ausdrücken: Wenn eine Covid-Politik orgasmisch sein könnte, dann wäre es seine.

Als ich also hörte, dass eine ganze Armee von Truckern auf die kanadische Hauptstadt zustürmte, um gegen die Bemühungen meines Kumpels zu protestieren, Leben zu retten, packte ich sofort meine Ohrenschützer und buchte mein Ticket nach Kanada: Ich würde meinen lieben Freund dieser Armee von Virus-leugnenden Spinnern nicht allein gegenübertreten lassen.

Doch bevor ich aufbrach, rief ich ihn an, um mich über die Lage zu informieren.

'Was ist los, mein Trudy-wudy?', fragte ich.

'Oh, ich liebe es so sehr, wenn du mich so nennst, Oisín... jedenfalls halten diese Leute die Gesellschaft als Geisel. Sie zwingen Geschäfte und Unternehmen zur Schließung, ruinieren die Existenzgrundlage so vieler unserer Bürger, und sie halten die Menschen aus Angst um ihre Sicherheit in ihren Häusern gefangen, sollten sie sich nach draußen wagen. Wahrlich, sie sind abscheulich!'

'Oh, das sind sie! Wie können sie es wagen, solche Dinge zu tun, Trudy-wudy?!! Ich meine, du würdest doch niemals so etwas jemandem antun, oder?'

'Natürlich nicht, Oisín-woisín.'

'Wer sind diese Leute?'

'Nun, sie sind total am Rande.'

'Ah, huh.'

'Und natürlich total rassistisch...'

'Natürlich. Wahrscheinlich laufen sie alle mit schwarzem Gesicht herum und so, uhhh!'

'Ähm, nun, ja, vielleicht... aber sie sind auch total frauenfeindlich...'

'Keine Überraschung. Sonst noch etwas?'

'Sie vertreten total inakzeptable Ansichten.'

'Verstanden... ist das alles?'

'Nun, sie sind sowohl total weiß als auch total männlich...'

'Das versteht sich von selbst, Trudy. Im Grunde sagst du: Was auch immer du bist, das sind sie nicht, und umgekehrt?'

'Absolut, Oisín. Ich würde lieber sterben, als ein weißer

Mann zu sein... oh, und es scheint, dass die meisten von ihnen nicht einmal Trucker sind. Es sind hauptsächlich rechtsextreme Aktivisten, die einfach eingezogen wurden, die meisten von ihnen wahrscheinlich aus Texas. Sie wurden sogar dabei gesehen, wie sie Plakate mit Hakenkreuzen schwenkten.'

'Ah, danke, Trudy, du hast mir eine so klare Beschreibung gegeben. Ich bin gleich bei dir und freue mich so darauf, dich zu sehen!'

'Oh, ich auch – bis bald, Oisín!'

Jedenfalls, das Nächste, was ich weiß, ist, dass ich in Ottawa ankomme. Ich rief meinen Kumpel noch einmal an, kam aber nicht durch und wurde zu seiner Sekretärin weitergeleitet. 'Ich fürchte, der Premierminister ist unwohl, Prof. MacAmadáin, er hat Covid und muss sich isolieren.' Die volle Schwere der Situation wurde mir dann bewusst: Diese Armee von rassistischen, frauenhassenden Spinnern machte meinem lieben Trudy zu schaffen, und das zu einer Zeit, in der er zweifellos mit den Verwüstungen dieser gefährlichsten Krankheit konfrontiert war. Soweit ich wusste, könnte er dem Tode nahe sein, und das Letzte, was er jemals hören würde, wäre das Hupen von Hörnern, gemischt mit regelmäßigen Schimpfwörtern, die auf ihn gerichtet waren... Und so beschloss ich, dieser 'Armee' von Truckern selbst entgegenzutreten und sie dazu zu bringen, ihren Konvoi umzudrehen.

Ich nahm ein Taxi zum Parlamentsplatz, und da waren sie alle, machten einen schrecklichen Lärm und protestierten...

Ich ging zu einem der Lastwagen. 'He, Sie! Ja, ich sagte, Sie! Ich will mit Ihnen reden!'

Eine Frau mit brauner Haut, langen schwarzen Haaren und einer gewissen majestätischen Haltung stieg aus.

'Ähm', sagte ich, 'haben sie Sie gefangen oder so?'

'Wie bitte?'

'Es ist nur, dass ich mit einem der Trucker sprechen wollte, die all diesen Aufruhr verursachen, und, nun ja, Sie scheinen nicht...'

'Ich bin eine der Truckerinnen, die, wie Sie es ausdrücken, all diesen Aufruhr verursachen. Worüber möchten Sie sprechen?'

'Und Sie sind dann Kanadierin?'

'Wie können Sie es wagen? Beziehen Sie sich auf die Farbe meiner Haut? Ich bin First Nations und, ja, ich bin Kanadierin.'

'Ich verstehe.' Ich schaute auf meine Notizen und hatte Mühe, sie mit dieser neuesten Entwicklung in Einklang zu bringen.

'Hey, Marty', rief die Frau. 'Komm mal her – ich brauche deine Hilfe!'

'Ja, Nagamo, ich komme sofort.'

Ich stand nun einem stämmigen Mann gegenüber, der übergewichtig, bärtig und, Gott sei Dank, unbestreitbar weiß war. 'Puh', dachte ich mir. 'Jetzt stehe ich auf festerem Boden.'

Gerade als ich diesen Mann wegen seines offensichtlichen Rassismus zur Rede stellen wollte, sprach Nagamo:

'Marty, dieser Mann ist ein Rassist.'

'Oh, was...?!', stammelte ich. 'Nein, bin ich nicht...'

'Doch, das ist er. Er konnte nicht glauben, dass ich Kanadierin bin.'

'Oh nein!', sagte Marty. 'Ich glaube es nicht. So etwas machen wir in Kanada nicht.'

'Es tut mir so leid', sagte ich, 'es ist nur, dass mir gesagt wurde, dass Sie alle rassistisch seien...'

'Aber Sie waren derjenige, der so darauf bedacht war, die

Farbe meiner Haut hervorzuheben. Und wer genau hat Ihnen das gesagt?'

'Ähm, das kann ich wirklich nicht sagen, tut mir leid...'

An diesem Punkt spürte ich, dass ich wieder in die Offensive gehen musste, mit einer Art Kritik, derer ich mir sicherer sein konnte...

'Nun, Marty, es scheint mir ziemlich klar zu sein, dass Sie kein Trucker sind!'

'Das bin ich ganz bestimmt. Und das schon mein ganzes Arbeitsleben lang.'

'Sie wollen damit sagen, dass dieser Lastwagen dort drüben Ihr eigener ist? Das bezweifle ich sehr!'

'Ah, ich verstehe, Sie glauben, dass wir keine echten Trucker sind, dass wir all diese Lastwagen gestohlen haben und dass die echten Trucker irgendwo gefesselt und geknebelt sind. Oder vielleicht, dass wir alle zufällig einen Ersatz-LKW in unserem Garten hatten, so wie Sie, und als sich die Gelegenheit bot, uns alle in ein bisschen Rechtsfaschismus zu vertiefen, stiegen wir in unsere Lastwagen und fuhren los... nun, lassen Sie mich Ihnen sagen, das sind alles Verschwörungstheorien.'

'Uhhh, nein, das kann nicht sein, Sie sind die Verschwörungstheoretiker, nicht wir!'

'Ja, genau, und Sie sind diejenigen, die denken, es sei sinnvoll, dass die Welt wegen eines Virus mit einer Sterblichkeitsrate von weniger als 0,1% stillstehen sollte... und Sie denken, wir glauben verrückte Dinge!'

Ich fühlte mich zunehmend unsicher, so verdreht war die Sophistik, der ich begegnete, und so griff ich zu meinem letzten Trumpf, dem einen Ding, von dem ich wusste, dass es diesen Mann ein für alle Mal entlarven würde.

'Ich wette, Sie haben aber ein Hakenkreuz!'

'Habe ich nicht.'

'Doch, haben Sie!'

'Nein, habe ich nicht. Die ganze Hakenkreuz-Sache war jemand, der ein Plakat schwenkte, auf dem stand, dass ein Hakenkreuz die Art von Regierung repräsentiert, die wir jetzt haben. Dass die Medien das dann gegen uns verwenden, beweist nur den Punkt...'

'Nein, das kann nicht wahr sein! Mein Freund Trudy-wudy hat es gesagt!'

'Trudy-wudy? Es tut mir leid, das ist doch nicht der, den ich denke, oder? Moment, sind Sie mit... befreundet, warten Sie, Mister, warten Sie!'

Ich muss zugeben, lieber Leser, dass ich, nachdem ich meine Tarnung auf diese Weise auffliegen lassen hatte, es wahrscheinlich am besten fand, mich aus dem Staub zu machen. Und so fand ich mich schnell wieder in der Sicherheit des Flughafens, wo Impfgegner natürlich nicht erlaubt sind.

Über mein Gespräch mit Nagamo und Marty nachdenkend, kam ich zu dem Schluss, dass sie wahrscheinlich keine echten Trucker waren, sondern eine Art bezahlte Schauspieler, die von weißen Supremacist-Gruppen eingesetzt wurden, um die Leute glauben zu lassen, dass normale, liberal klingende Kanadier Teil des Trucker-Konvois waren. Ich hatte einfach Pech gehabt, mit anderen Worten. Also schob ich den ganzen Vorfall aus meinen Gedanken, wissend, dass ich zumindest mein Bestes getan hatte, um meinem Kumpel zu helfen. Oh, armer Trudy-wudy, er muss jetzt im Bett liegen und schniefen. Wenn ich ihm doch nur eine schöne Tasse Tee und eine Wärmflasche bringen und das Covid wegbeküssen könnte... jedenfalls weiß ich, dass er in guten Händen ist und wieder auf die Beine kommen wird, bevor er es merkt, und bereit sein wird, diese bösen Trucker ein für alle Mal in die Schranken zu weisen.

Jedenfalls haben wir in diesem Kapitel einige der Rädelsführer der Impfgegner betrachtet und sie als die Scharlatane entlarvt, die sie sind. Wir haben dann untersucht, wie ihre Ideen die Impfskepsis-Krankheit hervorrufen und ihre dreisten Bemühungen detailliert beleuchtet, die 'Freiheit' zu bewahren, uns alle zu ermorden. Nachdem wir all diese Dinge betrachtet haben, wie können wir zusammenfassen, wie diese Menschen sind? Ich möchte nun einige abschließende Gedanken anbieten....

Fazit: Die Ungeimpften sind EGOISTISCH!

Gäbe es eine Studie, die belegt, dass die Ungeimpften egoistisch, selbstsüchtig, engstirnig, arrogant, an einer fast terminalen kognitiven Dissonanz leidend und im Grunde nichts Besseres als Sofa-Experten sind, dann wäre ich, für meinen Teil, überhaupt nicht überrascht.

Beim besten Willen kann ich nicht verstehen, welche verdrehte Denkweise in jemandem wirken muss, der sich weigert, den Impfstoff zu nehmen. Wissen sie denn nicht, dass sie alle um sich herum und sogar die gesamte Gesellschaft in GEFAHR bringen? Dass sie genauso gut mit einem Megafon herumlaufen könnten, um zu verkünden: 'Ich bin ein egoistischer Mistkerl, weil es mir egal ist, dass die Luft, die ich atme, Sie und all Ihre Lieben wahrscheinlich töten wird'?

Wie können Menschen so EGOISTISCH sein, dass sie nicht einfach tun, was wir ALLE wissen, dass es EINDEUTIG das Beste für sie ist? Es ist unglaublich.

Oh, körperliche Autonomie, bla, bla, bla, lassen Sie mich

in Ruhe. Was ist mit MEINER körperlichen Autonomie, die höchstwahrscheinlich tödliche Folgen haben wird, wenn sie ungeimpfte, luftgetragene Tröpfchen einatmet? Denken diese Leute niemals an diese Möglichkeit?! Tatsächlich würde ich sagen, dass es nur eine Frage der Zeit ist, bis die Wissenschaft zeigt, dass ungeimpfter Speichel lebensbedrohlich ist, selbst wenn er nicht mit Covid infiziert ist. Diese Menschen sind Boten des Todes, schlicht und einfach.

Darüber hinaus schützen Impfstoffe das Leben all jener, die sie nehmen. Warum können die Ungeimpften das nicht 'verstehen' und treffen immer noch die Entscheidung, uns alle zu ermorden?

'Oh, aber ich hatte Covid, ich habe Antikörper, warum sollte ich den Impfstoff nehmen', plappern einige von ihnen gerne nach. Diese Leute sind hinterhältig, sage ich Ihnen. Oft machen sie scheinbar völlig stichhaltige, logische Argumente, aber in diesem Fall enthüllen all diese Leute wirklich nur ihre ernsthaft veralteten Überzeugungen über den Wert des Immunsystems. Darüber hinaus sind ihre Prioritäten völlig verschoben. Die offensichtliche Erwiderung ist: 'Sie sagen also, Sie sind sicher vor Covid und wollen trotzdem nicht NOCH sicherer sein? Man kann nie zu sicher sein!'

Und wenn sie uns nicht alle umbringen, bringen sich die Bastarde wegen Covid an den Rand des Todes (Ha! Geschieht ihnen recht!) und belegen am Ende unschätzbar wertvolle Intensivbetten. Gibt es kein Ende ihres Egoismus, frage ich Sie? Hier sind wir alle, engagiert in einer gesellschaftsweiten und mitfühlenden Anstrengung, Leben zu retten, und diese Verrückten haben die Dreistigkeit, dem Tod nahe zu kommen und Ressourcen von denen wegzunehmen, die medizinische Versorgung am dringendsten benötigen!

Tatsächlich vertreten diese Menschen inakzeptable Ansichten und sollten nicht toleriert werden. Die meisten von uns, die richtig denken, verstehen das, wie die Studie der Universität Aarhus zeigte, die bewies, dass geimpfte Menschen die Ungeimpften verachten (aber bizarrerweise wurde dies nicht erwidert – Gott, typische Trottel, die sie sind, wirklich unfähig, die Situation zu erfassen!). Denn die traurige Tatsache, die wir anerkennen müssen, ist, dass die Impfgegner Extremisten sind und genau wie jede andere Art von Terroristen einer Umerziehung unterzogen werden müssen. Deshalb war ich persönlich überglücklich, als ich von den zukunftsweisenden Empfehlungen eines Psychologieprofessors der Universität Bristol las, der sagte, dass diejenigen, die die Impfung verweigern, ein Deradikalisierungstraining absolvieren sollten. [1]

Sehen Sie, der Rest von uns, wir sind die Menschen, die die wahre Notwendigkeit von sozialer Solidarität und Zusammenhalt erkennen. Ich weiß nicht, ob Sie das wunderschöne deutsche Video gesehen haben, das von einigen Schafzüchtern gemacht wurde, die all ihre Herden zusammenführten, sodass sie aus der Vogelperspektive die Form eines Impfstoffs bildeten. Das Video war so ergreifend, dass es mich zu Tränen rührte. Wahrlich, die Guten in dieser Geschichte sind wie diese Schafe, die alle dazu angeleitet werden, den Impfstoff zu nehmen – zu ihrem eigenen Wohl und zum Nutzen aller Schafe überall.

Und die Impfung zu nehmen ist zu unserem Vorteil, täuschen Sie sich nicht! Deshalb ist das nächste Kapitel so wichtig, denn wir kommen nun zu den Arten von Mythen, die die Impfgegner über den Impfstoff selbst verbreiten werden… und so kommen wir zum wichtigsten Mythen-Busting überhaupt! Vorwärts!

8

KAPITEL ACHT: ANTI-IMPF-MYTHEN ENTLARVEN!

Nun, wir haben jetzt den Charakter dieser Anti-Impf-Leute, ihre verrückten und seltsamen Versuche, für 'Freiheit' zu kämpfen, und die verwerflichen Konsequenzen ihres Handelns aufgedeckt. Aber was für Dinge bringen sie eigentlich über die Impfstoffe selbst hervor?

Nun, alle folgenden Lügen deuten in irgendeiner Weise darauf hin, dass die Covid-Impfstoffe Schaden anrichten. Ja, ich weiß, ich weiß... genau dieselben Impfstoffe, die von Spitzenwissenschaftlern und Regierungen überall rigoros und aus jedem möglichen Blickwinkel getestet wurden und die sich als sicher und wirksam erwiesen haben und, soweit ich weiß, möglicherweise sogar gesundheitliche Vorteile weit über den Schutz vor Covid hinaus verleihen. (Nun, es würde mich jedenfalls nicht überraschen – genauso wie ein Apfel am Tag eine verdammt gute Idee ist, wird ein jährlicher Booster zweifellos einen sehr positiven Einfluss auf Ihre Langlebigkeit haben.)

Nun, seien Sie bereit für ein herzhaftes Lachen, wenn Sie sehen, was für einen Unsinn sie über diese lebensrettenden Impfstoffe verbreiten! Insbesondere werde ich mich auf vier ihrer schädlichsten Ideen konzentrieren, nämlich dass die Covid-Impfstoffe: unsere Genetik schädigen oder verändern können; uns töten (!); unser Herz schädigen oder einen Herzinfarkt verursachen können und schließlich, dass sie die Fruchtbarkeit beeinträchtigen können.

Also, lassen Sie uns nun jede dieser Behauptungen der Reihe nach behandeln!

Eine gefährliche Gentherapie?

Ich habe bereits den außerordentlich innovativen Charakter der bisher verwendeten primären Covid-Impfstoffe erwähnt... kleine Boten, die zu unserem RNA-Gensystem gehen und es tatsächlich anweisen, das Spike-Protein von Covid herzustellen, worauf unser Körper dann eine Immunantwort erzeugt – durch und durch genial. Aber auf der Grundlage dieser großartigen Technologie wagen es die Anti-Impf-Leute, zu behaupten, dass unsere Genetik in irgendeiner Weise geschädigt werden könnte... nun, lol, das ist doch etwas weit hergeholt, oder?

Nun, das würde man denken, aber die hinterhältigen Kreaturen, die sie sind, suggerieren gerne, dass wissenschaftliche Forschung dies tatsächlich beweise!

Zum Beispiel verweisen sie gerne auf eine Studie einiger angeblicher Wissenschaftler der Universität Stockholm mit einem eher wortreichen und prätentiösen Titel ('SARS-CoV-2 Spike Impairs DNA Damage Repair and Inhibits V(D)J Recombination In Vitro'). Im Klartext untersuchte diese Studie im Grunde die Wirkung, die das durch die Impfstoffe erzeugte Spike-Protein in vitro auf die DNA hat. Und was die Forscher 'behaupten' gefunden zu haben, ist, dass dieses Spike-Protein tatsächlich die DNA-Reparatur hemmt. Wenn man verschwörerisch veranlagt wäre, würde dies zweifellos als sehr besorgniserregend und als potenziell ernste Konsequenzen zu einem späteren Zeitpunkt interpretiert werden... warum impfen wir unsere Kinder mit diesen Dingen, bla bla bla... Sie kennen das: Anti-Impf-Manna vom Himmel.

Tatsächlich weiß ich ehrlich gesagt nicht, was heutzutage mit einigen Wissenschaftlern los ist... wissen die nicht, dass dies genau die Art von Studie ist, die die Anti-Impf-Leute nur zu gerne in die schmierigen Hände bekommen würden? Lesen Sie einfach die Schlussfolgerung der Autoren, dass ihre Ergebnisse 'die potenziellen Nebenwirkungen von Spike-basierten Impfstoffen in voller Länge unterstreichen'. Mit solchen Formulierungen sollte jedem mit einem halben Hirn klar sein, dass diese Fragen überhaupt nicht gestellt werden sollten.

Aber Gott sei Dank haben wir Experten wie mich, um die schwerwiegenden Mängel solcher Forschung aufzudecken!

Zunächst einmal stammt sie aus Schweden. Nun, die Schweden waren früher alle cool und liberal, aber das änderte sich für immer mit ihrem 'kein Lockdown, keine Masken, lasst uns unsere Omas ermorden'-Ansatz zur Pandemie. Daher würde ich die Glaubwürdigkeit jeglicher Forschung, die von einem solchen Ort stammt, ernsthaft bezweifeln (und sie alle lieben auch ABBA, also Fall abgeschlossen).

Zweitens waren ihre angeblichen Ergebnisse 'in vitro' und nicht 'in vivo'. Mit anderen Worten: Diese Studie wurde an genetischem Material außerhalb eines lebenden menschlichen Körpers durchgeführt. Es gibt also NULL Beweise dafür, dass dasselbe nun in den Körpern von Milliarden von Menschen weltweit geschehen ist.

Tatsächlich würde es mich nicht überraschen, wenn dieses sogenannte Forschungsteam nun dasselbe Experiment an einem lebenden menschlichen Körper durchführen wollte... Hah! Als ob man jemals die ethische Genehmigung für diese Art von Studie bekommen würde! Die bloße Vorstellung erscheint mir potenziell extrem gefährlich für die menschliche Gesundheit. Stellen Sie sich vor, Sie würden dieses Experiment an nur einer Person durchführen und dieselben Ergebnisse bekommen... man müsste den Impfstoff-Rollout sofort stoppen, und dann würden viele Millionen niemals die gesundheitlichen Vorteile des Impfstoffs erhalten! Was für eine totale Farce das wäre. Ich persönlich bin froh, dass potenziell gefährliche Experimente wie dieses schwedische rein in vitro geblieben sind. An großen Gruppen oder gar der Bevölkerung selbst durchgeführt zu werden, wäre unter den gegebenen Umständen absolut rücksichtslose Wissenschaft. Darin sind wir uns sicherlich alle einig.

Schließlich: Selbst wenn diese Ergebnisse wahr wären... was wäre überhaupt der Schaden? Viele Dinge schädigen die DNA-Reparatur. Pestizide, Chemikalien, was auch immer – und die meisten Leute denken über diese Dinge sicher nicht zweimal nach.

Daher würde ich vorschlagen, dass Sie sich auch hier keine Sorgen machen.

Ich würde Ihnen tatsächlich Ähnliches raten, wenn es um ein weiteres Standard-Anti-Impf-Tropez an der Genetikfront geht, nämlich dass die Covid-Impfstoffe unsere Genetik nicht nur schädigen, sondern aktiv verändern oder 'editieren'. (Ehrlich, es nimmt bei diesen Leuten nie ein Ende, oder?!)

Natürlich waren sie alle völlig aus dem Häuschen, als eine Arbeit der Universität Lund (ja, auch Schweden...

sehen Sie das Muster?) herauskam, die darauf hinzuweisen schien, dass eine DNA-Veränderung durchaus die Folge der Covid-Impfstoffe sein könnte. Diese Arbeit trägt ebenfalls einen furchtbar komplizierten Titel ('Intracellular Reverse Transcription of Pfizer BioNTech Covid-19 mRNA Vaccine BNT162b2 In Vitro in Human Liver Cell Line'), aber das ist keine wirkliche Überraschung, da solche Titel diesen Leuten hohe intellektuelle Allüren verleihen (oder das denken sie jedenfalls). Im Grunde behauptete die Arbeit zu finden, dass die RNA aus den Impfstoffen 'revers transkribieren' kann – was auch immer das heißen soll – um innerhalb des Zellkerns und das in nur wenigen Stunden nach der Impfung zu DNA zu werden. Was sie, meiner Interpretation nach, sagen wollen, ist, dass die Impfstoffe in der Lage sind, völlig neue DNA aus der in ihnen enthaltenen RNA zu erzeugen oder so etwas Ähnliches – Gott allein weiß es ehrlich gesagt; ich finde es schwer, mich in die Denkweise solcher Menschen einzufühlen.

Okay, okay, die Anti-Impf-Leute haben die ganze Zeit davon geredet, wie die Impfstoffe Ihre Genetik verändern könnten, und hier ist nun eine Studie, die genau das zu zeigen scheint... aber Moment mal – nicht so schnell! Zunächst einmal stellen die Autoren dieser Arbeit ganz klar fest, dass sie nicht wissen, ob diese neue DNA dauerhaft im Genom verbleibt oder ob sie einfach abgebaut wird und verschwindet. Also: ätsch, ihr Trottel! Es ist keineswegs bestätigt, dass unsere DNA durch diese Impfstoffe überhaupt dauerhaft verändert wird! Und – Neuigkeit für Sie – selbst wenn sie für immer verändert wäre, was zum Teufel ist so falsch daran, überhaupt neue DNA zu haben? Diese Leute tun so, als wäre DNA etwas Schlechtes! Ehrlich gesagt, klingt das für mich eher cool. Aber dann bin ich ja auch weder ein Luddite noch ein Dinosaurier, der in einer vergangenen Ära lebt... stattdessen umarme ich die Wissenschaft und alles, was sie mit sich bringt!

Okay, so viel zu den angeblichen Auswirkungen der Impfstoffe auf unsere Genetik. Was ist mit all dem 'Todes-Spritzen'-Unsinn? Nun – die Vorstellung, dass der Impfstoff Sie töten könnte, stammt hauptsächlich aus geistig kranken Fehlinterpretationen von Überwachungssystemen für unerwünschte Impfereignisse. Und so wenden wir nun unsere Faktencheck-Aufmerksamkeit dieser Richtung zu...

VAERS gemeldete Todesfälle und unerwünschte Ereignisse: Viel Lärm um nichts

Wenn ich für jedes Mal, wenn die Anti-Impf-Leute mit ihren ekelhaften Lügen über die VAERS-Daten herauskommen, eine kostenlose Impfung bekommen könnte, wäre ich überall genadelt und voller Gesundheit.

Aber was ist VAERS, fragen Sie vielleicht? Es ist das 'Vaccine Adverse Events Reporting System' (Meldesystem für unerwünschte Impfereignisse), und all jene Anti-Impf-Leute, die behaupten, gestorben zu sein, oder was auch immer sie glauben, dass ihnen passiert ist, können es nutzen, um ihre sogenannten Nebenwirkungen zu melden. Es wird von der US-Regierung betrieben (obwohl ich wirklich finde, dass sie es besser wissen sollten – man sollte solche Leute nicht ermutigen).

Normalerweise präsentiere ich die Anti-Impf-Position nicht in ihren eigenen verdrehten Begriffen, aber in diesem Fall werde ich es tun, da sie offensichtlich so lächerlich ist, dass sie zum Lachen ist. Tatsächlich habe ich mich selbst dabei ertappt, einen Anti-Impf-Menschen (den ich in Gott weiß welcher dunklen Ecke des Internets gefunden habe) genau zu diesem Zweck zu interviewen, damit Sie genau sehen können, was für einen Unsinn sie von sich geben. Hier ist ein Transkript des Interviews (etwa im März 2022 geführt):

'Oisín: Also, Sie, geben Sie mir Ihr Lügennetz.

Aluhut-Person: Vielen Dank für die Gelegenheit. Nun, die Sache ist die, dass VAERS zeigt, dass bisher über 28.000 Todesfälle für die Covid-Impfstoffe gemeldet wurden, und ein Impfstoff wird normalerweise wegen Sicherheitsbedenken zurückgezogen und untersucht, wenn nur 50 Todesfälle damit in Verbindung gebracht wurden, und das ist eine eher kleinere Zahl als 28.000....

Oisín: Oh, versuchen Sie nur, Ihre mathematischen Fähigkeiten zur Schau zu stellen, oder?!

Aluhut-Person: Nein, nicht wirklich. Es ist eher so, dass dies ein besorgniserregendes 'Sicherheitssignal' andeutet, sehen Sie, und...

Oisín: Moment mal! Wir sind diejenigen, die Leben retten und alle schützen wollen. Wie wagen Sie es, sich unsere Terminologie anzueignen?!

Aluhut-Person: Nun, warum kümmern Sie sich dann nicht darum, denen zu helfen, die impfgeschädigt sind, sowie denen, die durch Covid geschädigt werden? Warum können wir nicht beides tun? Es gab fast dreimal so viele Todesfälle im Zusammenhang mit den Covid-Impfstoffen wie durch alle anderen Impfstoffe zusammen seit Beginn der Aufzeichnungen... und über 150.000 Covid-impfstoffbedingte Krankenhausaufenthalte...

Oisín: Oh, typisch, dass Sie zählen! Aber warum sollten wir diese Berichte ernst nehmen? Ich meine, jeder kann einen erstellen... Sie haben wahrscheinlich mindestens die Hälfte der Todesfallberichte erfunden, soweit ich weiß!

Aluhut-Person: Nun, nein... die meisten davon werden von Ärzten ausgefüllt, und es ist tatsächlich ein Verbrechen, einen falschen Bericht einzureichen.

Oisín: Ein Verbrechen, einen falschen Bericht einzureichen?! Ich würde es zu einem Verbrechen machen, überhaupt einen Bericht einzureichen!

Aluhut-Person: Wir sollten auch die Studie nicht vergessen, die darauf hindeutete, dass nur etwa 1% der unerwünschten Impfereignisse überhaupt gemeldet werden...

Oisín: Hah! Ich wette, das war eine 'Studie' von einer dieser Anti-Impf-, 'Rettet die Kinder'- oder wie auch immer Gruppen...

Aluhut-Person: Nein, sie stammte von den Centers for Disease Control and Prevention (Zentren für Krankheitskontrolle und Prävention)

Oisín: Ja, genau! Lügner, Lügner, die Hose brennt!

Aluhut-Person: Warum sollte ich darüber lügen? Ähnlich hat die deutsche Regierung gerade Daten veröffentlicht, die darauf hindeuten, dass 1 von 5000 Covid-Impfdosen zu einem 'ernsthaften' unerwünschten Ereignis führt, wobei dies bedeutet, dass die Reaktion einer Person schwerwiegend genug ist, um einen Krankenhausaufenthalt zu erfordern. Nun, das sollte uns doch alle beunruhigen und...

Oisín: Oh, die deutsche Regierung wird also ganz Anti-Impf, und wir sollen sie ernst nehmen, oder? Ach, ich bin jetzt so gelangweilt von Ihnen... dieses Interview ist beendet!'

Mein Gott, könnte man einen größeren Beweis dafür haben, dass wir es mit paranoiden Spinnern zu tun haben, als diesen totalen Unsinn? Tatsächlich, apropos Aluhüte:

Ich denke, was wir brauchen, ist, dass die nächste Ausgabe des DSM (Diagnostisches und Statistisches Handbuch Psychischer Störungen) die APS (Aluhut-Persönlichkeitsstörung) enthält, zusammen mit klaren Anweisungen, dass eine Behandlung unmöglich ist und Inhaftierung die einzig praktikable Option.

Schauen Sie sich nur an, was mein verrückter Interviewpartner von sich gab… ist es nicht offensichtlich, dass diese Leute sich eines Grundprinzips der wissenschaftlichen Methode völlig unbewusst sind: dass Korrelation keine Kausalität ist. Nur weil Tante Mary ihre Impfung bekommt, Schaum vor dem Mund hat und eine halbe Stunde später tot umfällt, bedeutet das nicht, dass der Impfstoff ihren Tod verursacht hat. Es könnte sein, dass die Schokoladenkekse, die sie an diesem Morgen gegessen hat, etwas schlecht waren, oder dass die Zahnpasta, die sie während ihrer morgendlichen Waschungen benutzt hat, von ihrem Nachbarn vergiftet worden war, der es satt hatte, sie durch die papierdünnen Wände am Telefon quasseln zu hören. Man weiß einfach nicht, was wirklich vor sich geht, und man sollte niemals zu schnell Schlüsse ziehen. Nur weil es wie eine Ente aussieht, wie eine Ente quakt und wie eine Ente watschelt, bedeutet das nicht, dass es kein Elefant ist.

Der zweite Punkt ist: Was auch immer dieser Spinner sagte, ich bezweifle sehr, dass es ein Verbrechen ist, VAERS-Daten zu fälschen. Mein eigener Eindruck ist, dass die Anti-Impf-Leute einfach verschwörerisch in ihrer Unterwäsche herumwerkeln und jeden Tag falsche Berichte einreichen. Sie lesen Nachrufe in der Zeitung und erfinden einen Bericht. Sie sehen jemanden, der in den sozialen Medien gestorben ist, und erfinden einen Bericht. Soweit ich weiß, gehen sie wahrscheinlich sogar raus und ermorden jemanden, stechen ihn überall mit Spritzen und erfinden dann einen Bericht. Ich denke, diese Szenarien sind weit wahrscheinlicher als die Vorstellung, dass diese Berichte echt sind. Und warum sollte ein Arzt solche unerwünschten Ereignisse überhaupt melden? Schließlich wird Ärzten, die dies tun, oft mit dem Verlust ihres Arbeitsplatzes und dem Entzug der Approbation gedroht, und welcher Arzt würde das riskieren wollen? Das macht einfach keinen Sinn!

Ich hoffe also, ich habe Ihnen gezeigt, wie Sie den irrationalen Aussagen entgegenwirken können, die Aluhut-Leute über VAERS und ähnliche Meldesysteme machen werden. Diese Leute haben einfach nicht die Fähigkeiten zum kritischen Denken, um die Daten in solchen Systemen korrekt zu interpretieren. Zu glauben, dass ein Fall, in dem der Tod einer Person einem Covid-Impfstoff zugeschrieben wird, tatsächlich bedeutet, dass diese Person an diesem Impfstoff gestorben ist, ist wirklich Denken des kleinsten gemeinsamen Nenners. Aber leider, Leute, ist das genau der Unsinn, mit dem wir uns auseinandersetzen müssen.

Aber wie genau sollen uns die Impfstoffe alle töten? Nun – praktisch auf jede erdenkliche Weise, wenn man den Anti-Impf-Leuten glauben würde. Aber ich kann mich unmöglich auf jede angebliche Todesursache konzentrieren, da wir sonst bis zum Sankt Nimmerleinstag hier wären, wie das alte Sprichwort sagt. Stattdessen werde ich mich auf einen der Hauptpunkte konzentrieren, einen besonders ungeheuren Mythos, von dem die meisten Leute zweifellos gehört haben: nämlich dass der Impfstoff möglicherweise nicht so gut für das alte Herz ist...

Nein, die Impfstoffe werden Ihnen keinen Herzinfarkt verursachen!

Nun, der gleiche Punkt „Korrelation ist keine Kausalität" gilt auch für die Anzahl der in VAERS registrierten kardialen Ereignisse. Sie können ganz sicher sein, dass die 15.751 angeblichen Herzinfarkte und 50.176 Fälle von Myokarditis/Perikarditis (Stand Juli 2022) überhaupt nichts mit dem Impfstoff zu tun haben, was auch immer die Anti-Impf-Leute Ihnen erzählen mögen.

Aber auch hier suggerieren die hinterhältigen Kunden, die sie sind, gern, dass die Wissenschaft auch in diesem Fall auf ihrer Seite sei! Und wenn es eine Arbeit gibt, die sie für diese spezielle Sache hochhalten, dann ist es eine von einem gewissen Kardiologen namens Dr. Steven Gundry mit dem Titel „Observational Findings of PULS Cardiac Test Findings for Inflammatory Markers in Patients Receiving mRNA Vaccines".

Was dieser Dr. Gundry also tat, war, verschiedene Blutmarker (IL-16, lösliches Fas und Hepatozyten-Wachstumsfaktor – ja, ich weiß, ich hatte auch noch nie davon gehört!) bei Patienten vor und nach der Covid-Impfung zu untersuchen. Und warum sollte er so etwas tun, fragen Sie vielleicht? Nun, ihm zufolge (aber wer würde ihm glauben?) sind dies Anzeichen für Endothel- und Gefäßschäden und können verwendet werden, um das Herzinfarktrisiko über einen Zeitraum von fünf Jahren vorherzusagen. Er verglich die Werte dieser Marker vor zwei Impfdosen und erneut nach zwei Wochen und drei Monaten. Er fand heraus, dass das Herzinfarktrisiko für einen Zeitraum von fünf Jahren bei den 566 untersuchten Patienten von durchschnittlich 11% auf 25% anstieg.

Nun, darüber wurde unter den Anti-Impf-Leuten viel

Aufhebens gemacht, wobei viele von ihnen behaupteten, dies sei ein „schockierender Anstieg“ und „extrem besorgniserregend“ und dergleichen. Nun, das ist ja schön und gut, aber die tatsächliche Tatsache ist, dass ein 25%iges Risiko, einen Herzinfarkt zu erleiden, tatsächlich dasselbe ist wie ein 75%iges Risiko, keinen zu erleiden. Und, wenn Sie mich fragen, das sind immer noch ziemlich gute Chancen. Ganz klar sollte das eigentliche Ergebnis dieser Studie sein, dass „nach der Covid-Impfung die Menschen IMMER NOCH eher keinen Herzinfarkt über einen Zeitraum von fünf Jahren erleiden werden“.

All das gesagt, bezweifle ich Herrn Gundrys Ergebnisse hier sehr. Sicher, wenn das, was er sagt, wahr ist, dann wäre es sehr gefährlich für uns alle, für den Rest unseres Lebens jährliche Auffrischungsimpfungen zu bekommen, nicht wahr? Und das kann nicht der Fall sein, denn die Leiter aller Impfstoffunternehmen sagen, diese Impfstoffe seien sicher und wirksam, und ich habe keinen Grund, ihnen zu misstrauen. Ich meine, bei einem 25%igen Herzinfarktrisiko nach zwei Dosen – wie hoch wäre es nach Ihrer siebten Impfung? 65%? Die bloße Vorstellung ist abwegig. Sicher, wir würden alle wie die Fliegen umfallen. Ich glaube es nicht. Soweit ich weiß, erfindet Herr Gundry diese Blutmarker.

Und außerdem: Selbst wenn jemand wegen eines erhöhten Herzinfarktrisikos nach der Impfung besorgt wäre, nun, ehrlich gesagt, sollte er es nicht sein. Schließlich stellen dieselben Unternehmen, die die Impfstoffe herstellen, auch Medikamente für Herz-Kreislauf-Probleme her, sodass Sie gut versorgt wären.

Und da wir gerade über Herzinfarkte sprechen, können wir uns auch gleich mit dem Mythos der Herzmuskelentzündung befassen und insbesondere mit der Vorstellung, dass junge Männer nach der Impfung einem erheblichen Risiko ausgesetzt seien, diese zu entwickeln.

Und, um ehrlich zu sein, das ist ein wirklich typisches Beispiel. Überall im Internet finden Sie republikanische Mütter, die über ihren kleinen Liebling Bubba oder Linus sprechen und wie sie eben noch Highschool-Baseball spielten und im nächsten Moment nicht einmal mehr die Treppe hinaufkamen und ans Bett gefesselt waren.

Aber die Expertenmeinung ist, dass dies nichts anderes als „milde" Fälle von Herzmuskelentzündung sind und leicht zu behandeln, das medizinische Äquivalent dazu, eine Aspirin oder ein Strepsil nehmen zu müssen. Tatsächlich weiß ich nicht, wie es Ihnen geht, aber seit meiner Jugend habe ich immer wieder von Nachbarn und Familienmitgliedern gehört, die ein bisschen von der alten milden Herzmuskelentzündung bekamen... sicher, daran ist nichts Ungewöhnliches. Ich erinnere mich genau, wie meine Mutter sagte: „Oh, hast du gehört, Oisín, Tante Carmel hat im Moment eine leichte Herzmuskelentzündung. Sie wird heute zum Arzt gehen, um das zusammen mit ihrer leichten Blinddarmentzündung zu besprechen."

Wenn Sie also auf Studien wie die aus Hongkong stoßen, die darauf hindeuten, dass einer von 2700 Teenager-Jungen nach ihrer zweiten Dosis eine Herzmuskelentzündung bekommt,[1] etwas, das die Anti-Impf-Leute als „alarmierendes Risiko" anprangern, ist es wichtig, sich daran zu erinnern, dass das, womit diese jungen Männer konfrontiert sind, völlig behebbar ist. Und in anderer Hinsicht bringt diese Herzmuskelentzündung wohl Vorteile mit sich: Erstens könnte man sagen, dass diese Jungs die Bedeutung von „sich für das Team opfern" lernen, eine wertvolle Lebenslektion, die ihnen für den Rest ihres Lebens gute Dienste leisten wird, wie lang (oder kurz) diese Zeit auch sein mag. Und zweitens – sicher, die Herzen dieser jungen Männer sind ohnehin schon genug von den Jugendgelüsten entflammt, und das wird sie viel wahrscheinlicher in Schwierigkeiten bringen, wenn Sie mich fragen. Es ist also gut für sie, eine kleine Pause von all dem Treiben zu haben, wenn es nicht zu altmodisch von mir ist, das zu sagen.

Wie dem auch sei, da haben Sie es, meine lieben Leser: Nein, die Impfstoffe werden Ihr Herz nicht explodieren lassen, dessen können wir alle zu 100% sicher sein. Aber es gibt noch einen letzten und heimtückischsten Mythos zu behandeln, einen der krankesten, wenn Sie mich fragen, nämlich dass der Impfstoff die Fruchtbarkeit des schönen Geschlechts beeinträchtigen kann... ehrlich, können Sie glauben, was für Dinge diese Leute von sich geben können? Nein, ich auch nicht – und das, obwohl ich dieses Buch über sie geschrieben habe! Jedenfalls, lassen Sie uns nun diese besonders ungeheuerliche Lüge behandeln....

Nein, die Impfstoffe werden Ihre Fruchtbarkeit nicht beeinträchtigen! (wenn überhaupt, machen sie nur Superhelden-Babys)

Nun, dieser spezielle Mythos stammt aus angeblich internen Forschungsdokumenten eines führenden Impfstoffherstellers, die zeigten, dass das nach der Impfung erzeugte Spike-Protein durch den ganzen Körper wanderte und sich besonders in den Eierstöcken konzentrierte. Nun, selbst wenn dies wahr wäre, kann ich beim besten Willen nicht verstehen, wie das ein Problem sein könnte. Ich meine, es würde lediglich bedeuten, dass Babys von Anfang an geschützt sind und wahrscheinlich niemals selbst geimpft werden müssen. Soweit es mich betrifft, wäre dies einfach ein weiterer Beweis für die erstaunliche Technologie, die diesen Impfungen zugrunde liegt… sozusagen zwei zum Preis von einem.

Ich glaube, die wirklich traurige Nachricht in all dem ist, dass dieselben Dokumente zeigten, dass das Spike-Protein überhaupt nicht in den Hoden landete. Dies scheint eine verpasste Gelegenheit zu sein: Stellen Sie sich vor, Ihr Sperma könnte eine Waffe im Kampf gegen Covid sein! Spike-infundiertes Sperma trifft auf Spike-infundierte Eierstöcke – was überall Babys bedeutet, die als kleine Covid-bekämpfende Maschinen geboren werden und absolut vor Gesundheit strahlen.

Aus diesen Gründen war ich sehr verärgert, kürzlich gelesen zu haben, dass die Europäische Arzneimittel-Agentur beschlossen hat, zunehmende Berichte über Menstruationsunregelmäßigkeiten nach der Impfung zu untersuchen. Sie sollten sich den Anti-Impf-Leuten nicht auf diese Weise beugen… schließlich wird es nur mehr Wasser auf ihre Mühlen sein, wie das alte Sprichwort sagt. Vielleicht sollte ich meinen Kollegen-Experten in der EMA ein Exemplar meines Buches schicken, um sie in diesem Punkt zu beruhigen.

So viel zu den Fehlinformationen über Fruchtbarkeit. Im Allgemeinen, wenn ich über dieses ganze Kapitel nachdenke, scheint es mir offensichtlich genug, dass jeder, der denkt, diese Impfstoffe seien nicht sicher, wirklich im Land der Verrückten lebt. Tatsache ist, dass selbst der Jüngste unter uns NULL Risiken von ihnen ausgesetzt ist. Und deshalb verfügen Regulierungsbehörden wie die in Australien zunehmend, dass Kinder ab 12 Jahren keine elterliche Zustimmung benötigen, um geimpft zu werden. Das ist genau richtig, obwohl meiner Meinung nach dieses Alter noch weiter gesenkt werden sollte. Denn ist es nicht so, dass ein neugeborenes Baby, so wie es natürlich nach der Brust seiner Mutter greift, auch nach der Spritze greifen würde?

Nun, ich denke jedenfalls so. Tatsächlich scheint mir klar genug, dass das eigentliche Problem hier nicht bei den Impfstoffen liegt, sondern bei der psychischen Gesundheit der Anti-Impf-Leute. Ist nicht die Definition eines Hypochonders jemand, der sich unaufhörlich um seine Gesundheit sorgt, selbst wenn sein Arzt ihm gesagt hat, dass nichts mit ihm falsch ist und dass er nur ein bisschen gestresst ist und es ruhig angehen lassen muss? Und was, frage ich Sie, ist dann der Unterschied zwischen solchen ängstlichen Typen und dem, was wir bei den sogenannten „impfgeschädigten" erleben?

Nichts, woran ich denken könnte. Ich meine, ich weiß nicht, wie es Ihnen geht, aber wenn ich zu meinem Arzt gehe und denke, ich hätte Symptome von Herzmuskelentzündung oder Lähmung, gibt es nichts Besseres als diese Art von Beruhigung, um mich zu beruhigen und mich viel besser zu fühlen. Aber diese Leute haben ehrlich gesagt die Dreistigkeit, den Rat ihrer Ärzte zu ignorieren und stattdessen ins Internet zu gehen und ihr Leid der Welt zu verkünden. Dies ist das aufmerksamkeitsheischende Verhalten, das typisch für Simulanten überall ist.

Ich kann das sagen, weil die Wissenschaft zeigt, dass die einzige Nebenwirkung, die diese Impfstoffe Ihnen wirklich geben können, eine leichte Empfindlichkeit an der Injektionsstelle ist. ALLES darüber hinaus ist einfach ein Hauch von Hypochondrie.

Zum Beispiel:

Wenn jemand über unkontrollierbares Zittern und Krampfanfälle klagt, nun, wir alle wissen, dass Angst Menschen zittern lässt.

Wenn jemand über Herzprobleme klagt, nun, wir alle wissen, dass Angst das Herz flattern und rasen lässt.

Wenn jemand über Blaseninkontinenz klagt, nun, wir alle wissen, dass Angst dazu führt, dass wir öfter pinkeln und pullern.

Wenn jemand klagt, gelähmt zu sein, nun, wir alle wissen, dass Angst uns vor Furcht „lähmen“ kann.

Wenn jemand klagt, dass er nicht gehen kann, nun, wir alle wissen, dass Angst unsere Beine wie Wackelpudding machen kann.

Was diejenigen betrifft, die behaupten, an der Impfung gestorben zu sein, nun, wir alle wissen, dass man vor Schreck sterben kann.

Und manchmal, wenn Menschen wirklich ängstlich sind, wie diese Anti-Impf-Hypochonder, können sie all diese Symptome auf einmal haben. Typisch.

Nun, wir haben jetzt die häufigsten Anti-Impf-Mythen über die angeblichen Gefahren der Covid-Impfstoffe aufgedeckt. Sie werden genau wissen, was Sie einem der Verrückten sagen müssen, wenn sie das nächste Mal über die „Risiken“ der Verwendung einer solchen neuartigen Technologie, die VAERS-Daten oder die Herzinfarkte sprechen, die die Leute angeblich überall haben (wie all die Fußballer, anscheinend, obwohl sie offensichtlich nur umfallen, weil sie nach dem Lockdown auf der Couch faulenzen super untrainiert sind).

Wohin als Nächstes? Nun, angesichts dessen, wie diese Anti-Impf-Leute sind und ihrer Neigung zu Gesundheitsängsten, wird es Sie wahrscheinlich nicht überraschen, dass sie auch echte Pillenschlucker sind. Nun, natürlich keine richtigen Medikamente... ich spreche von dem neuesten Mode-Nahrungsergänzungsmittel, das in ihrem Reformhaus angekommen ist. Zweifellos denken sie, dass diese

Dinge „ihre Auren reinigen“ oder was auch immer... aber sie bringen dieselbe Neigung, alles Mögliche zu schlucken, auch im Umgang mit Covid-Infektionen mit. Sehen Sie, am Ende des Tages und trotz allem haben sie auch Angst vor Covid, genau wie alle anderen, und so haben sie ihr ganz eigenes Covid-Quacksalber-Medizinschränkchen entwickelt, wie wir jetzt sehen werden....

9

KAPITEL NEUN: SCHARLATAN-COVID-HEILMITTEL

Einer der Aspekte, der mich bei Covid-Leugnern am sprachlosesten macht, ist, dass sie, obwohl sie gerne unzählige Todesfälle durch ihre Verbreitung von Impfstoff-Fehlinformationen verursachen, dennoch behaupten, sie wollten Leben vor Covid retten, genau wie wir (ich weiß... das kann man sich nicht ausdenken!). Aber welche Art von Covid-„Heilmitteln" finden sie? Nun, wie Sie nicht überrascht sein werden zu erfahren, ist es der übliche gedankenlose kognitive Durchfall, den wir alle von dieser Bande erwarten. Und um dieses Kapitel (wieder) anzustoßen, werden wir zuerst etwas betrachten, das (klapp klapp) ihren gesamten Ansatz (klapper klapp) wirklich verkörpert (wiehern! wiehern!), nämlich ihre gewisse Vorliebe für – ja, Sie haben es erraten – Ivermectin!

Ivermectin (weil Covid offensichtlich Würmer verursacht! Und dich in ein Pferd verwandelt... Mann, das intellektuelle Niveau dieser Leute!)

Neulich rief mich meine Nachbarin Máire an. „Oisín", flüsterte sie ins Telefon, „Hast du gehört, dass Ivermectin nach Termonfeckin gekommen ist? Dieser alte Schafzüchter Séamus hat sich damit eingedeckt und sagt, es würde ihm helfen, das China-Virus abzuwehren. Kannst du etwas dagegen tun, bevor andere Leute auf die gleiche Idee kommen?"

„Oh, das kann und werde ich auf jeden Fall, Máire, danke, dass du mich darauf aufmerksam gemacht hast!"

Drei Tage später veröffentlichte ich eine Enthüllung über Séamus als Leitartikel in *The Termonfeckin Tribune*:

> „Termonfeckin-Tragödie abgewendet, da völlig dummer lokaler Schafzüchter entlarvt!
>
> Séamus O'Shaughnahoy, ein Schafzüchter seit vier Jahrzehnten, wurde von der Gardaí im Besitz von 12 Packungen Ivermectin gefunden, einem Entwurmungsmittel für Pferde, das Verschwörungstheoretiker als Behandlung gegen Covid anpreisen.
>
> In Untersuchungshaft befindlich, erwartet Séamus derzeit seinen Prozess wegen verschwörerischen Denkens und grober Dummheit. *The Termonfeckin Tribune* erhielt Zugang zu Séamus in seiner Zelle.
>
> **TT:** Séamus, bist du nicht ein totaler Trottel, dass du auf diesen ganzen Pferdemist hereingefallen bist?
>
> **Séamus:** Es ist kein Pferdemist, noch ist es ein Entwurmungsmittel für Pferde. Es ist ein Nobelpreis-gekröntes Medikament, das erfolgreich für Covid umfunktioniert wurde und...

> **TT:** Der einzige Preis, den hier jemand bekommen wird, bist du, weil du so völlig leer zwischen den Ohren bist – der Termonfeckin-Trottel-Preis!
>
> **Séamus:** Nein, es ist wahr, was ich sage! Zum Beispiel wurde gezeigt, dass es Anti-Covid-Eigenschaften hat und unter anderem in Mexiko und Indien mit großem Erfolg eingesetzt wurde...
>
> **TT:** Oh Gott, hör dir das an! Du redest, als wärst du ein Experte! Es ist eine Pferdepille, du Idiot. Und sie wird dir jetzt nichts nützen, nicht einmal für deine Schafe – oder hast du erwartet, dass sie auch für sie wirkt?“

Nachdem ich meine Bürgerpflicht auf diese Weise erfüllt hatte, war ich mächtig stolz auf mich und hatte das Gefühl, eine ernste Krise in meiner Heimatstadt abgewendet zu haben. Ich gebe jedoch zu, dass eine kleine Stimme in meinem Hinterkopf nagte und sich fragte, wovon er um Himmels willen mit Mexiko und Indien sprach. Könnten sie dort wirklich so geistig weich sein, dass sie auch auf diese Art von Aluhut-Denken hereinfallen würden? Also beschloss ich, der Sache auf den Grund zu gehen, und siehe da, was ich fand, war mehr Futter für all meine Bemühungen zur Mythenentlarvung. Und so, hier geht's los, Leute...

Zuerst Mexiko. Es scheint, dass Séamus von einer Studie des Mexikanischen Instituts für Soziale Sicherheit sprach, die von einem gewissen Cesar Raul Gonzalez-Bonilla geleitet wurde. Nun, was dieser Gonzalez-Vanilla sich ausdachte, war die Idee, zu sehen, was passiert, wenn man ein „Heimbehandlungs-Kit“ an Menschen in Mexiko-Stadt verschickt – ein Paket, das eine Ivermectin-Kur enthielt – und die Ergebnisse dieser Gruppe mit denen verglich, die kein Behandlungspaket erhielten. Insgesamt wurden 28.048

Personen, die eine bestätigte Covid-Diagnose erhielten, verfolgt. Die Ergebnisse zeigten, dass 11,71% der Nicht-Ivermectin-Gruppe hospitalisiert wurden, im Gegensatz zu 6,14% der Ivermectin-Gruppe.

Okay, okay, ich weiß, was Sie denken... waren das Menschen oder Pferde, die Covid bekamen? Das war auch der erste Einwand, der mir in den Sinn kam, und leider konnte ich beim Durchforsten der Studie mit einem feinen Sieb die Antwort auf diese Frage nirgends finden.

Aber können wir wirklich sagen, dass diese Ergebnisse darauf hindeuten, dass Ivermectin so hilfreich ist? Vielleicht sind die zusätzlichen fünf Prozentpunkte in der Ivermectin-Gruppe, die nicht im Krankenhaus landeten, tatsächlich wiehernd und galoppierend durch ihre Nachbarschaft bis zur nächsten psychiatrischen Anstalt gelandet? Ich meine – ich weiß es nicht, aber es scheint mir jedenfalls möglich. Bis solche Fragen geklärt sind, würde ich persönlich dieser Studie von Dr. Gonzalez-Gorilla nicht allzu viel Gewicht beimessen.

Als Nächstes: Indien und der Bundesstaat Uttar Pradesh, der – nach meinen Internet-Recherchen – bei denen von uns, die kritische Fähigkeiten vermissen lassen, eine Art Kultstatus erreicht hat, kann ich mit Sicherheit sagen.

Was ist also hier der Haken? Im Grunde nahm das Gesundheitsministerium des Bundesstaates Uttar Pradesh früh in der Pandemie an einem höchst gefährlichen Experiment teil, indem es allen Mitarbeitern im Gesundheitswesen präventiv Ivermectin verabreichte. Laut dem staatlichen Überwachungsbeauftragten, Herrn Agrawal: „Es wurde beobachtet, dass keiner von ihnen Covid-19 entwickelte, obwohl sie täglich in Kontakt mit Patienten standen, die positiv auf das Virus getestet worden waren." Nun – alles, was ich sagen kann, ist, dass sie offensichtlich Glück hatten. Aber auf der Grundlage dieses Glücks hatten sie dann die Dreistigkeit, ein landesweites Ivermectin-Programm vorzuschlagen! Enge Kontakte, Mitarbeiter im Gesundheitswesen, Covid-Fälle – jeder sollte Ivermectin in einem Programm einnehmen, das der Staat als „prophylaktisch und therapeutisch" bezeichnete.

Für mich zeigt ihre Wortwahl hier das ernsthaft niedrige Kompetenzniveau dieser Gesundheitsbeamten. Es ist wirklich nur ein kleiner Sprung, wenn man intellektuell herausgefordert ist, zu denken, dass Ivermectin einen nicht nur vor Covid rettet, sondern auch erlaubt, es ungestraft zu treiben! Ehrlich, ich frage Sie: Wo um alles in der Welt bleibt hier die Moral?! Ich mag altmodisch sein, aber ich glaube nicht, dass es die Aufgabe IRGENDEINES staatlichen Gesundheitsamtes ist, vorzuschlagen, dass die Leute es wie Kaninchen (oder, tatsächlich, wie Pferde) treiben sollten.

Und in diesem Kontext sollten wir die „Ergebnisse" dieses Programms interpretieren. Herr Agrawal fährt fort: „Obwohl wir der Bundesstaat mit der größten Bevölkerungsbasis und einer hohen Bevölkerungsdichte sind, haben wir eine relativ niedrige Positivitätsrate und Fallzahlen pro Million Einwohner beibehalten." Also ja, zum Zeitpunkt der Abfassung im April 2022 hatte Uttar Pradesh mit einer Bevölkerung von 204 Millionen 23.494 Todesfälle, während ein anderer indischer Bundesstaat namens Kerala mit einer Bevölkerung von nur 35 Millionen mit 67.772 Todesfällen wesentlich mehr hatte – und das scheint in der Tat sehr nach einem Federbusch im Ohrläppchen von Uttar Pradesh auszusehen, nicht wahr? Aber da wir jetzt wissen, dass es alles nur eine staatlich geförderte Ausrede für eine Orgie war, können wir ableiten, dass der wahre Grund für die niedrigen Fallzahlen darin liegt, dass alle einfach drinnen blieben und eine gute Zeit hatten, wodurch die Ausbreitung des Virus sehr effektiv begrenzt wurde.

Jedenfalls weiß ich jetzt, was ich Séamus sagen werde, wenn ich ihn das nächste Mal sehe (wenn seine Amtszeit abgelaufen ist, versteht sich). Er sollte wirklich nicht Dinge wie Ansätze zum Pandemiemanagement in anderen Ländern recherchieren – das wird ihn nur irreführen und ihm Kopfschmerzen bereiten, wenn er so viel wie möglich seines eher begrenzten Verstandes für seine Schafschur bewahren muss.

Schließlich gab es kürzlich eine weitere Studie, die die Ivermectin-Frage ein für alle Mal klärte. Sie untersuchte eine riesige Datenbank von Patientenergebnissen in den USA und verglich die Sterblichkeitsraten der mit Ivermectin Behandelten mit denen, die mit dem super-duper von der US-Regierung zugelassenen Remdesivir behandelt wurden. Der Titel des Papiers sagt in der Tat alles, was man wissen muss: „Die Behandlung mit Ivermectin ist mit einer erhöhten Sterblichkeit bei Covid-19-Patienten verbunden: Analyse einer nationalen föderierten Datenbank." Also, ihr Verlierer![1]

Jedenfalls stellt Ivermectin den Höhepunkt des Anti-Impf-Denkens dar, wie man Covid heilen kann. Und man würde meinen, es könnte nicht schlimmer werden, aber der Rest ihrer Angebote in dieser Hinsicht ist wirklich noch weniger beeindruckend. Ich meine, Ivermectin ist zumindest tatsächlich ein Medikament (wenn auch nur für Pferde). Der Rest dessen, was sie sich ausdenken, gehört wirklich in den Bereich der alternativen Gesundheit... merken sie denn nicht, wie ernst Covid ist? Nun, offensichtlich nicht, und so geht es weiter zu...

Das Vitamin-D-Debakel!

Wenn man darüber nachdenkt, ist es natürlich keine Überraschung, dass die Covid-Leugner eine Tierpille als ihre bevorzugte Covid-Behandlungsoption auserkoren haben... sie sind schließlich nicht gerade die hellsten Köpfe. Und ihre nächste „Lösung“ für Covid setzt dieses Thema eigentlich nur fort. Sie sehen, Covid-Leugner lieben ihre natürlichen Heilmittel und Nahrungsergänzungsmittel aller Art (es ist wahrscheinlich nur eine Frage der Zeit, bis sie eine kolonische Covid-Reinigung oder Ähnliches erfinden). Daher war es für mich wirklich keine Überraschung, als sie anfingen, immer wieder über eines der billigsten verfügbaren Nahrungsergänzungsmittel zu reden, nämlich Vitamin D.

Oh, Vitamin D wird Ihr Immunsystem stärken, und ist das nicht eine gute Idee, wenn das Immunsystem eine Stärkung gebrauchen könnte, etc., etc., etc. Hört mal zu, ihr Quacksalber, der einzige Booster, den euer Immunsystem braucht, ist eure 17. Impfung, also kommt mir nicht mit diesem Mist. Und es ist totaler Mist, wie ich jetzt beweisen werde.

Tatsächlich habe ich online nach Verbindungen zwischen Vitamin D und Covid-Ergebnissen gesucht, und es gibt zu diesem Zeitpunkt buchstäblich Hunderte von Studien, die darauf hindeuten, dass je niedriger Ihr Vitamin-D-Spiegel ist, desto wahrscheinlicher ist es, dass Sie an Covid sterben... aber, um ehrlich zu sein, habe ich nicht die Geduld, SO viel Forschung von rechtsextremen Wissenschaftlern zu lesen, also hier nur ein Beispiel. Es gab eine deutsche Studie [2], die den Vitamin-D-Status von Covid-Patienten untersuchte, die auf der Intensivstation landeten und die an der Krankheit starben, und was diese sogenannten Forscher behaupten, ist, dass diejenigen mit niedrigen Vitamin-D-Spiegeln 15-mal häufiger ein Intensivbett benötigten und sechsmal häufiger an Covid starben. Nun, ich nehme an, wenn man ein bisschen geistig herausgefordert wäre, würden solche Schlussfolgerungen einen dazu bringen, zu denken, dass Regierungen jedem vorschreiben sollten, jeden Tag ein bisschen Vitamin D einzunehmen... billig, einfach, sicher, lebensrettend, blablabla, Sie kennen diese Art von Geschwätz zu diesem Zeitpunkt.

Nun, nicht so schnell! Lassen Sie uns die Implikationen dieses Vorschlags sorgfältig abwägen, ja? Wären wir ehrlich gesagt damit einverstanden, dass Regierungen vorschreiben, dass jeder ein Nahrungsergänzungsmittel einnehmen sollte? Welches Recht hat der Staat um Himmels willen, zu kontrollieren, was in unseren Körper gelangt?! Sicher, wir wissen nicht einmal, was sonst noch in diesen Nahrungsergänzungsmitteln steckt! Das Ganze könnte zu einer totalen gesellschaftsweiten Gesundheitskatastrophe führen – Vitamin D für Vitamin Tod, das größte öffentliche Gesundheitsdebakel der Geschichte. Und selbst wenn man es umsetzen würde, wie um alles in der Welt würde man es durchsetzen... oh, Sie dürfen nur hier rein, wenn Sie ausreichend Vitamin D haben, zeigen Sie mir Ihre Vitamin-D-Papiere. Das Ganze wäre totaler Wahnsinn, und deshalb ist es egal, was diese Studien zeigen, ihre Implikationen sind völlig und absolut undurchführbar.

Außerdem bin ich, was auch immer all diese Studien sagen mögen, wirklich nicht sicher, ob Vitamin D bei Covid so eine große Sache ist.

Tatsächlich habe ich noch eine weitere Studie in petto, in diesem Fall aus meinem eigenen lieben Land, die meiner Meinung nach ernsthafte Zweifel an der Vorstellung aufkommen lässt, dass Vitamin D für Covid so hilfreich ist (die Studie trug den Titel „Vitamin D und Entzündung: Mögliche Implikationen für die Schwere von Covid-19"). Was diese Studie nun tat, war, die Covid-Ergebnisse nach Vitamin-D-Status zwischen Ländern im Norden Europas, die wenig Sonnenlicht erhalten, und sonnenverwöhnten Ländern im Süden Europas zu vergleichen (interessanterweise hatten die skandinavischen Länder tatsächlich höhere Vitamin-D-Spiegel, obwohl sie weniger Sonnenlicht erhielten, wahrscheinlich weil ihre Regierungen ihre Lebensmittelversorgung damit anreichern, so wurde mir gesagt).

Fanden die Forscher also, dass die Vitamin-D-reichen nördlichen Länder niedrigere Sterblichkeitsraten hatten als die Vitamin-D-armen südlichen Länder? Ja, das taten sie, aber denken Sie nicht gleich, dass das bedeutet, die Covid-Leugner hätten Recht... warten Sie, bis Sie meine eigene Expertenmeinung zu dieser Studie gelesen haben. Aber zuerst einmal, das sagten die Forscher:

> „Entgegen der Intuition hatten Länder mit niedrigeren Breitengraden und typischerweise 'sonnigen' Ländern wie Spanien und Italien (insbesondere Norditalien) niedrige mittlere Konzentrationen von 25(OH)D und hohe Raten von Vitamin-D-Mangel. Diese Länder haben auch die höchsten Infektions- und Sterblichkeitsraten in Europa erlebt. Die Länder mit nördlichen Breitengraden (Norwegen, Finnland, Schweden), die weniger UVB-Sonnenlicht als Südeuropa erhalten, hatten tatsächlich viel höhere mittlere 25(OH)D-Konzentrationen, niedrige Mangelwerte und... niedrigere Infektions- und Sterblichkeitsraten."

Okay, also ja, wie ich bereits erwähnt habe, scheint diese Studie zu zeigen, dass ein höherer Vitamin-D-Status tatsächlich mit niedrigeren Sterblichkeitsraten bei Covid korreliert. Aber sind es wirklich die höheren Vitamin-D-Spiegel, die der Hauptgrund, der „aktive Inhaltsstoff" sozusagen, sind, der für die niedrigeren Covid-Sterblichkeitsraten in skandinavischen Ländern verantwortlich ist? Ich bin mir nicht so sicher, ob wir das aus dieser Studie ÜBERHAUPT ableiten können.

Tatsächlich gibt es in diesem Fall einen ganz anderen potenziellen Faktor, auf den die Autoren der Studie verweisen, den sie aber, meiner Meinung nach bizarrerweise, nicht als völlig wesentlich für ihre Analyse hervorheben. Und was ist dieser Faktor? Nun, meiner Expertenmeinung nach hebt diese Studie wirklich die bisher grob unterschätzte Tatsache hervor, dass Länder, die weniger Sonnenlicht erhalten, wie Norwegen oder Finnland, auch niedrigere Covid-Sterblichkeitsraten aufweisen. Mit anderen Worten: Ich glaube nicht, dass der Vitamin-D-Status überhaupt etwas mit der Sache zu tun hat. Vielmehr ist es die Menge an Sonnenlicht, die man bekommt, die das Covid-Ergebnis bestimmt – und je weniger man bekommt, desto unwahrscheinlicher ist es, dass man daran stirbt! Was diese Studie also wirklich zeigt, ist eine weitere Art und Weise, wie Sonnenlicht einen töten kann... zuerst war es Krebs, und jetzt ist es Covid!

Und ist dies also nicht nichts anderes als eine TOTALE Bestätigung der Regierungsstrategien überall, die Menschen anordnen, so viel wie möglich drinnen und fern von der Sonne zu bleiben? Diese Strategie wird doppelt genial, wenn man Maskenpflichten hinzufügt, denn dann, bei den seltenen Gelegenheiten, wenn man doch nach draußen muss, blockiert man zumindest noch mehr Sonnenstrahlen davon, das Gesicht zu berühren, und macht sich dadurch noch gesünder und schützt sich noch mehr vor Covid.

Also – als letztes Wort zu diesem Vitamin-D-Unsinn,

Leute: folgt bitte einfach der Wissenschaft und BLEIBT drinnen.

Nun, es ist Zeit für uns, ein letztes Scharlatan-Covid-Heilmittel zu betrachten, und dies entlarvt die Gesundheits-Scharlatane unter uns nur noch mehr. In der Tat: Was könnte weniger wissenschaftlich sein als die Idee, dass das, was wir essen, irgendeinen Einfluss auf eine so schreckliche Krankheit wie Covid haben könnte? Nicht viel, würde ich sagen, und so wollen wir nun diese völlig verderbliche Idee betrachten, die wirklich und eindeutig in die Kategorie eines totalen Witzes fällt...

Niemand wird mir mein Recht nehmen, Eis zu essen!

Es gibt wenige Dinge im Leben, die mich glücklicher machen als Eiscreme, und am liebsten eine, die mit Keksteig und Schokoladenkuchenstücken beladen ist. Tatsächlich schlürfe ich gerade etwas davon und es ist wirklich köstlich.

Gibt es etwas Unschuldigeres als solche Freuden? Und doch wollen uns einige Verschwörungstheoretiker glauben machen, dass das Verschlingen all dieser zuckerbeladenen Berge der Freude uns eher an Covid sterben lässt! Mein Gott, reden Sie von Angstmachern und Unheilspropheten... als ob solche Quellen des Glücks jemals so etwas tun könnten! Es sagt wirklich viel über die Mentalität dieser Leute aus, dass sie, während wir alle einen tapferen Akt der Selbsterhaltung vollbringen, indem wir drinnen bleiben und Schokoladenkuchen backen, uns sagen, dass wir besser gesund essen und für etwas frische Luft nach draußen gehen sollten. Reden Sie von Leuten, die ihre Lebensprioritäten völlig auf den Kopf gestellt haben.

Lassen Sie uns also diese verrückte Idee, dass Lebensstilinterventionen in irgendeiner Weise Teil der gesundheitlichen Reaktion einer Regierung auf Covid sein sollten, ein für alle Mal auslöschen. Wie immer beginnen wir damit, die Art von „Beweisen" zu entlarven, die Verschwörungstheoretiker verwenden.

Ein Beispiel ist eine Studie der Tulane University, die in Diabetes Care veröffentlicht wurde. Sie ergab, dass diejenigen mit „metabolischem Syndrom", ein Begriff, von dem ich in meinem Leben noch nie gehört hatte, der aber anscheinend durch hohen Blutdruck, hohen Blutzucker/Diabetes, Fettleibigkeit, hohe Triglyceride und niedriges HDL-Cholesterin gekennzeichnet ist, 3,4-mal häufiger an Covid starben und fünfmal häufiger auf die Intensivstation kamen, und dies hat etwas damit zu tun, wie diese Bedingungen Covid wahrscheinlicher machen, in etwas namens ACE-2-Rezeptor oder so etwas zu gelangen, auch etwas, von dem ich ehrlich gesagt noch nie gehört hatte.

Jedenfalls weiß ich nicht einmal, wo ich mit dieser Studie anfangen soll. Zunächst einmal ist sie offensichtlich „größenfeindlich" in ihrer Kritik an unseren fülligeren Freunden. Ich meine, es dauert lange, bis dicke Menschen ihr beträchtlich großes Selbst akzeptieren und lieben, und dann kommen Studien wie diese, die versuchen zu suggerieren, dass Übergewicht ungesund ist. Was für eine schamlose Stereotypisierung! Warum suchen sich die Autoren nicht jemanden ihrer eigenen Größe aus?

Zweitens, was würden diese Forscher also vorschlagen – dass die Menschen ermutigt werden sollten, weniger Schokolade, Kuchen und Chips zu essen und mehr Fisch und Gemüse zu essen? Die bloße Vorstellung, dass eine Regierung so in das Leben der Menschen eingreifen könnte, erscheint mir sowohl als absolut entsetzlich als auch als

Eingriff in die grundlegendsten bürgerlichen Freiheiten! Ich bin kein Philosoph, aber wenn es eine Sache im Leben gibt, die ich mit Sicherheit weiß, die zu Glück führt, dann ist es Eiscreme, und keine Regierung wird mir JEMALS meine Freiheit nehmen, so viel davon zu essen, wie ich will. Und wenn sie es täten, könnten Sie sicher sein, dass ich zusammen mit meinen Ben-&-Jerries-liebenden Freunden auf die Straße gehen würde, um zu protestieren. Nun, wir würden uns nicht zu sehr anstrengen wollen, aber ganz sicher würden wir zumindest das Stadtzentrum mit unseren Autos besetzen, hupen und unseren allgemeinen Unmut laut und deutlich kundtun.

Jedenfalls dauert es ewig, Gesundheitszustände umzukehren, und das, wenn es überhaupt möglich ist, ehrlich gesagt. Obwohl, auch hier werden diese Verrückten auf alle möglichen Dinge verweisen. Eine ist eine Studie ausgerechnet aus Italien, „Middle and Long-Term Impact of Very Low Carbohydrate Ketogenic Diet on Cardiometabolic Factors", die die Wirkung einer kohlenhydratarmen Diät auf 377 Patienten über ein Jahr hinweg und deren Körpergewicht, Blutzucker, Blutdruck, Lipidwerte und Glukosestoffwechsel verfolgte. Was die Studie angeblich fand, war eine „signifikante Verbesserung" in all diesen Bereichen.

Sehen Sie, wir leben in einer Ära der Fake News, und die bloße Vorstellung, dass eine solche Studie aus dem Land der Pizza und Pasta stammt, erscheint mir geradezu seltsam. Aber selbst wenn es wahr ist, und selbst wenn sich all diese Gesundheitsparameter verbessert haben, was ist mit anderen Aspekten der Gesundheit dieser Patienten, die nicht untersucht wurden, eh? Zum Beispiel, was wäre, wenn das eigentliche Ergebnis dieser Studie hätte lauten sollen: „377 Patienten, die zu einer Fastenkur gezwungen wurden, verlieren Gewicht, leiden aber jetzt auch an einer schweren depressiven Störung und Suizidgedanken aufgrund des Fehlens von regelmäßigem Tiramisu und Panettone." Nun, das würde den Dingen eine andere Wendung geben, nicht wahr?

Und selbst wenn man Studien wie die von Phinney & Volek betrachtet, die angeblich zeigten, dass eine kohlenhydratarme ketogene Diät dazu führte, dass 147 von 262 Diabetespatienten ihre Erkrankung nach nur 10 Wochen umkehrten, ist das wirklich immer noch eine FURCHTBAR lange Zeit, um an etwas festzuhalten, um Ergebnisse zu erzielen. Besonders wenn es nur ein paar Stunden dauert, um sich den 8. Booster zu holen, und dann ist man für weitere paar Monate versorgt. Tatsächlich, wenn ich ein wenig nachgeben würde, würde ich vorschlagen, dass die Kalorien, die durch die Anstrengung, zu Ihrem örtlichen Impfzentrum zu gelangen, verbrannt werden, den Übergewichtigen sicherlich einen Gesundheitsschub geben. Und so sollten wir alles Notwendige tun, um diese Menschen zu ermutigen, den Weg zur Impfung auf sich zu nehmen... Ich dachte, die Politik in einigen US-Bundesstaaten, den Menschen kostenlose Süßigkeiten und Kuchen im Austausch für die Impfung anzubieten, sei der perfekte Anreiz gewesen, tatsächlich. Da haben Sie es, Covid-Leugner, das ist eine klare Situation, in der Kuchenessen GUT für Ihre Gesundheit ist! Und ein perfektes Beispiel für eine freundliche staatliche Gesundheitspolitik – nicht nur mehr Karotte als Stock, sondern, man könnte sagen, mehr Keks als Stock.

Und so, wenn es Ihnen nichts ausmacht, habe ich diesen Becher Köstlichkeit zu Ende zu essen.

10

KAPITEL ZEHN: DER GROSSE RESET (ODER 'DER DRINGEND BENÖTIGTE PLAN, DIE MENSCHHEIT VOR SICH SELBST ZU RETTEN')

Nun, mein lieber Leser, wir sind fast am Ende dieses Buches angelangt. Es war eine ziemliche Reise, nicht wahr? Ich hatte sicherlich viel Spaß beim Schreiben. Tatsächlich habe ich größtes Vergnügen daran gefunden, all die prominentesten Anti-Impf-Mythen auseinanderzunehmen, und ich hoffe, Sie hatten ebenso viel Freude daran, ihre wackeligen Prämissen ein für alle Mal entlarvt zu sehen.

Aber wir sind noch nicht ganz fertig... nein, tatsächlich, Sie könnten den Twitter-Feed eines Covid-Verschwörungstheoretikers nicht lange durchforsten, ohne Erwähnung der angeblich ruchlosen Machenschaften des Weltwirtschaftsforums (WEF) und ihrer „Great Reset"-Agenda zu finden. In diesem Fall scheint die Idee zu sein, dass das WEF sein umfangreiches Netzwerk aus aktuellen und ehemaligen Mitgliedern, von denen viele jetzt Präsidenten und Premierminister sind, genutzt hat, um eine wahrhaft dystopische Zukunft einzuleiten, in der alle Bürger digitale ID-„Pässe", Sozialkredit-Ratings und ihr Leben von globalen Eliten mikromanagt bekommen. Sprechen Sie davon, dass Covid-19 zu Covid-1984 wird!

Klingt verrückt, oder?

Also, kommen wir zu unserer letzten Runde des Mythenzerstörens!

Klaus Schwab: Ein weiser Swami für unsere Zeit

Wenn es um den sogenannten „Großen Reset" (The Great Reset) geht, richtet sich der Zorn der meisten Impfgegner gegen den Chef des WEF, Klaus Schwab. Seit Jahren, so behaupten sie, beeinflusst dieser Mann mit seinen Ideen zur „Vierten Industriellen Revolution" die Staats- und Regierungschefs der Welt durch die Jahrestreffen des Forums in Davos und sein „WEF Young Leaders"-Programm. Nur wenige Impfgegner werden den Clip von ihm nicht gesehen haben, in dem er von seinem Stolz auf den Erfolg dieses Programms und seine vielen Absolventen spricht, die Premierminister auf der ganzen Welt geworden sind (darunter viele meiner Lieblings-Pin-ups wie mein Kumpel Justine Trudy, Jacinda Ardern, Angela Merkel und Emmanuel Macron, die alle, das muss man sagen, eine absolute Covid-Glanzleistung erbracht haben).

In diesem Video spricht er stolz davon, „die Kabinette zu durchdringen", was für Verschwörungstheoretiker eine Art ideologischer Infiltration zu bedeuten scheint – aber sicherlich ist dies, wenn überhaupt, nur ein Fall von unschuldigem Umkleidekabinen-Geplänkel über die beträchtliche Virilität des Mannes? Nun, alles, was ich sagen kann, ist, dass er sich offensichtlich gut pflegt und eine ziemliche Partie sein muss, und wenn ich (natürlich eine weibliche Führerin) für ein Land verantwortlich wäre und mich nach ein paar Gläsern Sekt am letzten Abend des Davoser Forums beschwingter fühlte, nun, ich glaube nicht, dass mich jemand aufhalten könnte…

Wie auch immer: Was die Idee einer „Great Reset"-Agenda angeht – haben Sie jemals etwas Verrückteres oder geradezu Abgedrehteres gehört? Nah, ich auch nicht! Ich meine, der Begriff selbst erscheint mir völlig bizarr. Deshalb dachte ich, als ich eines Tages auf Amazon ein Buch mit dem Titel *Covid-19: The Great Reset* sah, es müsse von irgendeinem prominenten Verschwörungstheoretiker stammen. Aber dann sah ich, dass der Autor kein anderer als Klaus selbst war, und ich war etwas überrascht.

Vielleicht machte sich der große Mann über die Impfgegner lustig, dachte ich mir, indem er ihre Terminologie und so weiter in einer Art humorvoller Satire zur Entlarvung ihrer Lügen übernahm, aber nein: Ich las das Buch, und was ich fand, war eine umfangreiche Abhandlung darüber, wie die Welt infolge der Covid-Pandemie tatsächlich neu gestaltet werden muss, sowie viele Ideen, wie dies erreicht werden kann.

Viele Fragen schwirrten mir durch den Kopf. Warum wählte Klaus genau dieselbe Phrase „Great Reset", von der die Impfgegner (sicherlich irrtümlich) behauptet hatten, sie sei von ihm geprägt worden? Und warum legte er eine Agenda für eine ganz neue Art von Welt vor, wo ihm die Impfgegner genau das auch vorgeworfen hatten? Ging da, so überlegte ich mir lange und intensiv, noch etwas anderes vor sich?

Aber nein, so schloss ich dann mit absoluter Gewissheit: das kann einfach nicht der Fall sein! Schließlich sind Leute wie Klaus und ich die Guten! Und sicher, wenn man darüber nachdenkt, ist es nicht offensichtlich, dass die Welt neu gestaltet werden muss? Und so kehrte ich zurück, um

Klaus' gesamtes Buch mit einem offeneren Geist zu lesen – und verliebte mich dann *nicht* in die erhabenen Ideen darin, und der zweifelnde Thomas in mir wurde ganz nach hinten in die Klasse gesetzt, wo er hingehört.

Es gibt hier keine dunkle Verschwörung, oh nein, das kann ich mit Sicherheit sagen. Vielmehr handelt es sich hier um den Fall eines erleuchteten Wesens, eines Buddha- oder Jesus-Typs, das einen Fahrplan aufstellt, dem wir alle folgen können, um uns zu verbessern. Dies ist wirklich der Entwurf für eine schöne Welt, eine, in der wir alle Nachhaltigkeit im Überfluss haben und voller der höchsten vorstellbaren Wohlbefindensstufen sein werden.

Natürlich wollen die Impfgegner so etwas nicht, oder? Die elenden Kerle, die sie sind. Sie sind glücklich, wenn das Klima brennt, wenn das Leben nur aus Gier besteht und könnten sich eine bessere Welt nicht einmal vorstellen, wenn sie es versuchten.

„Bis 2030 werden Sie nichts besitzen und glücklich sein" – eine völlig harmlose Vision

Sehen Sie, es stimmt, dass Klaus' Buch voller äußerst intelligenter Sprache ist, und, um ehrlich zu sein, würde ich mich schwer tun, die majestätische Natur seiner Ideen angemessen zu vermitteln. Aber das ist auch nicht nötig, da das WEF in den letzten Jahren kurze Videos mit mundgerechten Kernbotschaften veröffentlicht hat, damit der Rest von uns verstehen kann, wie der Große Reset ablaufen wird.

Und eines dieser Videos im Besonderen hat die Impfgegner in Aufruhr versetzt – ohne jeden Grund.

Das Video enthielt den Satz:

„Bis 2030 werden Sie nichts besitzen und glücklich sein"

Typischerweise wurde dieser völlig harmlose Befehl von

denjenigen mit einer verrückten Veranlagung als „Beweis" dafür verwendet, dass der Große Reset eine wahrhaft dystopische Zukunft einleitet... als ob etwas falsch daran wäre, uns alle glücklich machen zu wollen! Oooh, so böse und unheimlich... NICHT!

Und mehr noch: Ich denke, wenn jemand kommt und vorschlägt, dass es einen Weg gibt, wie wir alle glücklich sein können, sollten wir innehalten und sehr genau zuhören, finden Sie nicht? Schließlich erscheinen mir Klaus und seine Kumpels als die glücklichsten Menschen, und wenn sie das Geheimnis eines guten Lebens kennen, würde ich gerne daran teilhaben... tatsächlich würde ich mir vorstellen, dass sie nicht nur von irgendeinem alten Glück sprechen, sondern vielmehr von einer Art tiefem, lang anhaltendem und vollkommenem Glück.

Lassen Sie uns innehalten: Klingt die Idee, „völlig glücklich" zu sein, nicht ziemlich gut? Ich meine, wer würde nicht völlig glücklich sein wollen? Was mich betrifft, wenn Klaus und seine Bande einen Weg gefunden haben, unsere Serotoninspiegel dauerhaft hochzuhalten, dann bin ich völlig dafür. Dystopie, mein Arsch!

Und wie soll dieses „vollkommene Glück" erreicht werden?

Nun, indem man nichts besitzt, natürlich.

Die Logik, wenn man sie so nennen möchte, ist glasklar:

- Viele Dinge zu besitzen → sehr unglücklich
- Ziemlich viele Dinge → mäßig unglücklich
- Wenige Dinge → ein bisschen unglücklich
- Gar nichts besitzen → vollkommen glücklich

Nimm das, Aristoteles.

Und so werden wir alles, was wir brauchen, künftig mieten. Die großen multinationalen Unternehmen werden das alles *besitzen* – wir nicht. Aber weil Besitz so unglücklich macht, bedeutet das:

Sie werden extrem unglücklich sein, wir extrem glücklich.

Ein selbstloses Opfer, das wir dankbar annehmen sollten.

Santa Klaus – der Wohltäter der Menschheit

Ist dies nicht alles die Höhe philosophischer Einsicht? Platon, die Stoiker, Konfuzius, Lao-Tzu – alle haben sie versucht, Glück zu definieren, und doch verblassen ihre Bemühungen neben der Klaus'schen Vision.

Und ehrlich, ich weiß wirklich nicht, wie jemand, geschweige denn die Impfgegner, ein Problem mit Klaus Schwab haben könnte. Diese Leute mögen sein Aussehen mit dem eines Bond-Bösewichts vergleichen, aber für mich hat der Mann freundliche, wohlwollende Züge, zwinkernde Augen und den aufrichtigen Wunsch, der Menschheit Geschenke zu machen.

Mein eigener liebevoller Spitzname für ihn ist „Santa Klaus", so sehr habe ich das Gefühl, dass er unser Bestes im Sinn hat. Ich könnte ihn mir problemlos in einem Weihnachtsmann-Anzug vorstellen, Kinder zu seinen Füßen und auf seinem Schoß, wie er sie fragt, welchen Booster sie zu Weihnachten haben möchten.

Nun, so viel zur Idee eines dystopischen „Großen Resets". Ich hoffe, Sie sehen jetzt, dass dies nur etwas ist, das man annehmen sollte.

Aber zusätzlich zu der schönen Vision, die in Klaus' Ideen enthalten ist, glaube ich selbst, dass ich noch ein paar weitere Ideen in den Mix einbringen kann, wie man die nächste Periode der Menschheit zu einer wahrhaft goldenen machen kann. Erinnern Sie sich noch daran, dass ich am Anfang erwähnte, dass ich das Bedürfnis verspürte, eine große Ejakulation zu machen?

Nun, dazu komme ich nun endlich...

Die Große Termonfeckin-Ejakulation

Habe ich nicht neulich gelesen, dass kein Geringerer als Herr Bill Gates selbst ein Buch darüber schreibt, wie man mit der nächsten Pandemie umgeht, und dass die WHO alle Länder auffordert, einem Pandemievertrag beizutreten? Ähnlich hoffe ich, dass die folgenden fünf Punkte, die wir am Termonfeckin Institute of Expertise ausführlich erarbeitet haben, in die hervorragende Arbeit der Koryphäen der WHO, Herrn Gates und natürlich des lieben Klaus und all seiner Freunde beim WEF einfließen können. Und so präsentiere ich Ihnen ohne weiteres...

'DIE GROSSE TERMONFECKIN-EJAKULATION'

Wir brauchen jetzt Klima-Lockdowns!

Ich liebe Pandas. Ich liebe Koalas. Ich liebe Chiasamen und ich liebe Grünkohl. Aber ich erkenne an, dass nicht jeder so umweltsensibel ist wie ich, und deshalb schlage ich vor, dass Menschen gezwungen werden sollten, das Richtige zu tun, um den Klimawandel zu verhindern, ob sie wollen oder nicht. Und, genau wie bei allem, was letztendlich besser für jemanden ist, werden sie ihren neuen Lebensstil im Handumdrehen lieben. Goji-Beeren und aktivierter Bienenpollen zum Frühstück, Kunstfleisch und Grünkohl zum Mittagessen und Insekten vom Grill zum Abendessen, was gibt es da nicht zu mögen?

Ähnlich müssen wir Fleisch von Schulmahlzeiten verbannen. Um unseres Planeten willen müssen wir unsere Kinder ermutigen, ethische kleine Engel zu sein, und so sollten wir sie darüber informieren, dass für jeden Bissen Fleisch, den sie essen, ein kleines Mädchen in Afrika an den Folgen des Klimawandels stirbt.

Natürlich müssen Kinder manchmal auf kreativere Weise überzeugt werden, besonders diejenigen, die aus irgendeinem seltsamen Grund den Geschmack von Fleisch mögen. Aber hier ist die Sache: Es gibt nichts, was Kinder mehr lieben als Furzen. Es ist völlig urkomisch und bringt sie schnell zum Lachen. Also lassen Sie sie Berge von Linsen und Bohnen essen und sagen Sie ihnen, sie sollen die Abgaswirkungen so sehr genießen, wie sie möchten. Und sobald ihr Kichern nachgelassen hat, nutzen Sie die Gelegenheit, die wichtige Botschaft zu vermitteln, dass je weniger Kühe zur Schlachtung aufgezogen werden, desto weniger Kuhfürze in die Atmosphäre gelangen und dass die mitfühlende und groovig-spaßige Mahlzeitwahl, die sie gerade getroffen haben, positiv zu einer Netto-Reduzierung der Methanemissionen beigetragen hat.

Kurz gesagt, einer der besten Nebeneffekte der Covid-Lockdowns waren die drastisch niedrigeren Umweltverschmutzungsgrade, sowohl auf den Straßen als auch in der Luft. Von nun an müssen wir den Gebrauch von Privatwagen rationieren, wenn nicht sogar vollständig einschränken, und genau kontrollieren, was die Menschen essen, damit unser Planet nicht durch die Ansammlung von CO2 explodiert. Die Zeit drängt. Wissen Sie, die Idee einer digitalen Zentralbankwährung könnte für Klima-Lockdowns sehr praktisch sein...Menschen können eine bestimmte Benzin- oder Fleisch-'Zulage' haben. Ein Steak im Monat und nichts mehr, wie Herr Biden selbst vorschlug, so sehr ein Vorzeigemodell für die neurologischen Auswirkungen einer fleischarmen Ernährung, wie man es sich nur wünschen kann. Lockdowns sind eine wunderbar anpassungsfähige gesellschaftliche Politik, und wir sollten sicherstellen, dass wir ihre Anwendung nicht rein auf Covid beschränken....und so fordere ich die Staats- und Regierungschefs überall auf, sie dringend zur Rettung des Planeten einzusetzen!

Sagen Sie uns einfach, was wir tun sollen

Wer von uns leidet nicht unter einem Anflug der alten existenziellen Angst? Für mich wurde dies durch die Pandemie vollständig geheilt. Ich meine, es gibt nichts Besseres, als wenn eine Regierung uns unter Androhung von Verhaftung in unseren Häusern einsperrt, mit dem Befehl, Netflix zu schauen und Essen zum Mitnehmen zu bestellen, um diese Angst im Handumdrehen zu lösen. Solche Szenarien verleihen unserem Leben Ordnung, Sinn und Zweck, wo zuvor keine waren. Viktor Frankl, nimm dich in Acht....im 21.sten Jahrhundert kommen die Antworten auf die tiefsten Fragen des Lebens fix und fertig. Denken Sie nur an die gesparten Therapiekosten!

Also brauchen wir bitte mehr davon in Zukunft. Das Leben ist schon schwer genug, ohne herausfinden zu müssen, was um Himmels willen das alles bedeutet. Und Takeaways sind sowieso lecker.

Wir sind alle fürsorglicher und mitfühlender, als wir dachten

Erinnern Sie sich, wie wir bis vor ein paar Jahren alle dachten, wir wären einsamer als je zuvor, isolierter als je zuvor, entbehrten menschlicher Gesellschaft und lebten in einer sinnlosen, kapitalistischen Welt, die all ihre Prioritäten auf den Kopf gestellt hatte?

Oh, wie Covid alles verändert hat! Tatsächlich, wer von uns hat nicht gefühlt, als wir uns vierzehn Tage lang selbst isolierten oder aus dem Fenster auf leere Straßen blickten: "Wir sitzen alle im selben Boot.... wir tun dies füreinander." Oh, Maggie Thatcher, es gibt tatsächlich so etwas wie eine Gesellschaft! Ich wette, Covid lässt Sie sich im Grabe umdrehen.

Und dieses Mitgefühl hat sich als übertragbare Fähigkeit erwiesen. Tatsächlich, als ich zum ersten Mal von der sich entfaltenden Tragödie in der Ukraine erfuhr, malte ich mein Haus gelb & blau, um allen zu zeigen, wie sehr mir ihr Dilemma am Herzen liegt (was übrigens sehr viel ist).

Und sobald ich hörte, dass Flüchtlinge kommen würden, kontaktierte ich meine örtlichen Behörden, um zu sagen, dass ich freie Zimmer zur Verfügung hätte. Und tatsächlich kamen erst gestern Olga und ihr Teenager-Sohn Igor an. Der einzige kleine Haken war, dass sie erwähnten, ungeimpft zu sein, woraufhin ich im Tierheim anrief und fragte, ob ich einen Austausch vornehmen könnte, aber mir wurde gesagt, dass ich damit auskommen müsste. Ich schlug Olga dann vor, dass sie über eine Impfung nachdenken könnte, nur die ersten beiden Spritzen, die drei Booster könnte sie weglassen, wenn sie wollte, aber sie antwortete: 'Nicht über meine Leiche! Wir fliehen vor totalitären Führern und ihren Diktaten, vielen Dank' und ähnliche Worte, um ehrlich zu sein, es geriet alles ein bisschen außer Kontrolle. Jedenfalls wurde ziemlich klar, dass sie nicht dazu bereit waren, aber zum Glück haben sie zugestimmt, für ein paar Wochen in ihren Zimmern zu bleiben, während ich versuche, sie anderweitig unterzubringen.

Jedenfalls ist mein Punkt, dass es eigentlich keine Überraschung sein sollte, dass wir heutzutage alle im Allgemeinen voller menschlicher Güte sind. Ich meine, haben wir nicht alle ethische Prinzipien in unseren Adern? Vorbei sind die Zeiten der Diskriminierung, Segregation oder des Zwingens von Menschen, Dinge mit ihrem Körper zu tun, die sie nicht tun wollen. Mein Körper, meine Wahl. Es ist für mich wirklich kein Wunder, dass die Verbrechen gegen die Menschlichkeit, die von den Impfgegnern begangen wurden, zu einer weit verbreiteten Unterstützung unter den Rechtgesinnten unter uns für eine obligatorische Impfung und dafür geführt haben, diese Spinner so weit wie möglich von uns fernzuhalten. Ich wette, selbst wenn wir sie festhalten und zwangsweise impfen würden, würden sie nicht einmal ein Minimum an Dankbarkeit für die offensichtlichen gesundheitlichen Vorteile ausdrücken, die dann eintreten würden. Ein echtes Ärgernis, die ganze Bande.

Der Informationskrieg ist die halbe Miete

Wir haben so viel Glück, in dieser Zeit zu leben. Stellen Sie sich vor, Covid wäre vor 300 Jahren passiert. Der Ausbruch in Wuhan wäre wahrscheinlich erst zwei Monate später in der The Times gemeldet worden, und zweifellos nur in einer kleinen Nachricht am Fuße von Seite 7. Und sicher, zu diesem Zeitpunkt hätte das Virus bereits London erreicht, und alle Ärzte wären dem irrigen Eindruck erlegen, dass sie lediglich ein schlechtes Grippejahr erlebten, und hätten ihre Patienten zweifellos unter dieser Annahme behandelt. Und so wäre niemand klüger gewesen und hätte wahrscheinlich sein Leben normal weitergeführt, ein so offensichtlicher Fall von Unwissenheit ist kein Segen, wie Sie sich nur vorstellen können.

Und sicher, im hintersten Winkel der amerikanischen Ebene, in den Maya-Dschungeln oder den Anden hätte niemand überhaupt davon gehört, während die Hirtenstämme Tansanias ihre Ziegenzucht katastrophal unwissend über die tödliche Gefahr, in der sie (und ihre Ziegen) sich befanden, fortgesetzt hätten.

Nun, können Sie sich ehrlich gesagt etwas Schrecklicheres vorstellen als ein solches Szenario? Eine solche Möglichkeit erscheint mir, um ganz ehrlich zu sein, als die Dystopie aller Dystopien.

Wir sollten also alle dankbar sein, dass Regierungen und Technologieunternehmen uns über alles, was mit dem Virus zu tun hat, die neuesten Todesfälle und Fallzahlen informieren konnten und genau, wie wir über seine verschiedenen Machenschaften denken sollten. Ich kann mich nicht an den Namen der Koryphäe erinnern, die sagte, dass nichts so wirksam ist wie ein Radio in jedem Haushalt, um alle dazu zu bringen, über beide Ohren verliebt die Befehle ihrer Regierung auszuführen, aber er war ein intelligenter Kopf, das ist sicher. Also, auf die immer engere Verschmelzung von Big Tech und Regierungen! Hipp, hipp, hurra!

Wir müssen von Anfang an härter gegen Impfgegner vorgehen

Ich weiß nicht, wie es Ihnen geht, aber ich fand es völlig entsetzlich zu erfahren, dass so viele Menschen mit einer Aluhut- und verschwörerischen Gesinnung überhaupt existierten. Meiner Meinung nach wirft dies eindeutig die Frage auf, warum solche Leute nicht von Anfang an genau überwacht wurden. Warum zum Beispiel sind Regierungen glücklich, mutmaßliche Terroristen zu überwachen, aber keine Impfgegner? Sicher, Terroristen sind nur für den Tod einer Handvoll Menschen hier und da verantwortlich, während Impfgegner wohl für Millionen von Todesfällen weltweit verantwortlich sind und als solche eine weitaus größere Bedrohung für die nationale Sicherheit jeder Regierung darstellen. Also müssen diese Leute mindestens neben anderen Terroristen überwacht werden.

Ich bin jedoch der festen Überzeugung, dass Regierungen viel weiter gehen müssen, wenn es um das Problem der Impfgegner geht. Insbesondere ist meine eigene Hauptempfehlung, dass Impfgegner verpflichtet werden sollten, in der öffentlichkeit Aluhüte zu tragen, damit gute und gesetzestreue Bürger wissen, dass sie Abstand halten müssen. Dies liegt nicht nur daran, dass eine zu geringe Nähe das Risiko einer Exposition gegenüber gefährlichen luftübertragenen Tröpfchen bergen könnte, sondern auch, weil es das Risiko bergen könnte, ihre seltsamen Ansichten aufzugreifen, sei es durch das Mithören ihres neurotischen Selbstgemurmels oder einfach, weil ihr Auftreten natürlich eine gewisse gegensätzliche Weltanschauung vermittelt. Ähnlich denke ich, dass spezielle Lager errichtet werden sollten, in denen die willentlich Ungeimpften für die Dauer jeder Pandemie leben und sich so viel infizieren können, wie sie möchten. Ich habe mich immer gefragt, was genau der Sinn von County Offaly war, zum Beispiel...könnte es nicht in ein großes Lager für die Ungeimpften umgewandelt werden? Meiner Ansicht nach wäre dies eine mehr als angemessene und hoffentlich endgültige Lösung für das Problem der Impfgegner.

So, da haben Sie es, das sind die fünf Hauptpunkte der Großen Termonfeckin-Ejakulation, die alle dringend umgesetzt werden müssen, nicht nur, weil Covid nicht verschwinden wird, sondern weil bereits neue Gesundheitsbedrohungen am unmittelbaren Horizont existieren. Wie nannten sie es, Affenpocken oder so ähnlich? Wir müssen eindeutig als oberste Priorität einen Impfstoff für diese neue Krankheit entwickeln und natürlich Affenpocken-Gesundheitspässe, bei denen die Menschen nicht nur beweisen müssen, dass sie geimpft sind, sondern auch, dass sie kein Affe sind. Tatsächlich sah ich neulich einen sehr traurigen Fall dessen, was wahrscheinlich eine neue Art von Pest ist, einen Kerl am Rande von Termonfeckin, der vor sich hin brüllte, zweifellos leidend unter dem weltweit ersten Fall von Eselspocken. Wir leben in einer sehr gefährlichen Welt, dessen können wir alle sicher sein, und wir müssen auf alle Eventualitäten vorbereitet sein.

Doch so gefährlich die Welt auch ist, ich bin immer noch sehr optimistisch für ihre Zukunft, vor allem wegen der Visionäre, die uns in die richtige Richtung führen. Tatsächlich hatte ich erst neulich den schönsten, schönsten Traum über unsere kollektive Zukunft....

Oisíns Traum von der Zukunft: Die Welt im Jahr 2030

Sehen Sie, ich weiß, dass das Reden über all den Anti-Impf-Unsinn manchmal etwas deprimierend war, aber ich möchte dieses Buch mit einer wirklich positiven Note beenden. Tatsächlich, einfach ausgedrückt, glaube ich, dass es so viel gibt, worauf man sich freuen kann. Meine Segnungen zu zählen, bevor jemand eine Axt darauf anlegt, war schon immer eine meiner Lieblingsbeschäftigungen, und ich war in letzter Zeit so überglücklich, dass sogar mein Unterbewusstsein dabei war. Tatsächlich hatte ich neulich den wunderbarsten Traum. Es bereitet mir immer noch Gänsehaut, wenn ich daran denke. Ich möchte es hier als eine prophetische Darstellung der Welt im Jahr 2030 festhalten, eine Darstellung, von der ich hoffe, bete und glaube, dass sie wahr werden wird....

"Es ist früh am Morgen und ich bin gerade aufgewacht. Wie immer liebe ich es, gleich morgens mit meiner lieben Frau zu sprechen, es gibt nichts Schöneres, als süße Nichtigkeiten zu flüstern und Träume über dies und das zu teilen, während die rosigen Füße der Morgendämmerung über der Stadt aufsteigen. Und so öffne ich sofort Zoom und rufe sie an.

"Assumpta, Liebling, wie geht es dir da oben auf dem Dachboden?"

"Ah, sicher, es ist großartig, Oisín. Man könnte meinen, man würde es nach einem Jahr leid, aber eigentlich gibt es immer ein Spinnennetz zu putzen und sicher, du kannst den Berg von Pullovern sehen, die ich hinter mir gestrickt habe."

"Und du bist überhaupt nicht gelangweilt, oder, Liebste?"

"Sicher, überhaupt nicht. Ich meine, wir alle müssen unseren Teil dazu beitragen, und wenn die Experten sagen, dass wir alle in getrennten Räumen bleiben müssen, um die Kurve abzuflachen, dann ist es eben das, was wir tun müssen, nicht wahr?"

"Diese Kurve wird eines Tages abgeflacht sein, Assumpta, und was für ein Tag das sein wird!"

"Oh, es wird die flachste Kurve aller Zeiten sein, mein Liebling! Ich kann es kaum erwarten.... ah, Moment mal, es ist 8 Uhr morgens, gibt es jetzt nicht eine Ankündigung von unserem Weltführer auf Lebenszeit?"

"Oh, da ist es ja! Gut erinnert, ich schalte jetzt das Radio ein."

'Und so schalten wir jetzt live in die Schweiz, wo unser

glorreicher Weltführer auf Lebenszeit das Protektorat der Keltischen Inseln anspricht.

"Guten Morgen, meine kleinen Schafe. Wie geht es euch heute? Ich habe so wunderbare Neuigkeiten für euch alle. Tatsächlich scheint sich die aktuelle Situation mit der Omega Plus Plus Plus za.3 Subvariante im gesamten Protektorat der Keltischen Inseln zu beruhigen, mit Ausnahme der Region Galway. Daher ist es nur eine Frage kurzer Zeit, vielleicht nur weniger Monate, bis das Zusammensein innerhalb von Haushalten wieder erlaubt sein wird und, tatsächlich, dass Bürger wieder vor ihrer Haustür stehen dürfen. Wenn alles weiterhin gut verläuft, könnten kurze Spaziergänge bis zum Gartentor im Frühsommer machbar sein.

Aber meine Botschaft heute Morgen ist nicht ganz positiv. An diejenigen unter Ihnen, die dem Aufruf, Ihren 52.ten Booster zu erhalten, auch nach unserer zweiten Warnung, nicht gefolgt sind, haben wir eine sehr wichtige Botschaft. Schauen Sie nach draußen, ja, genau jetzt, das ist richtig.... was sehen Sie? Sehen Sie diese Männer in Schutzanzügen vor Ihrem Haus stehen? Das sind Ihre örtlichen Covid-Schutzbeauftragten, und sie sind hier, um Sie mitzunehmen. Auf Wiedersehen, ihr unartigen, unartigen kleinen Schafe, die nicht mehr Teil der Herde sein wollten, auf Wiedersehen..."'

Die Sendung endet und ich höre Schreie. Ich eile zum Fenster und schaue hinaus. "Oh mein Gott, Assumpta, es sind unsere Nachbarn, Séan und Sandra, sie werden von einem Team von CPOs mitgenommen!"

"Oh, wie entsetzlich, Oisín, in welcher Welt leben wir jetzt nur...."

"Ich weiß, zu denken, dass wir die ganze Zeit neben Impfgegnern gelebt haben!"

"Es ist zu schrecklich, um darüber nachzudenken. Aber andererseits fühle ich mich jetzt so viel sicherer, da ich weiß, dass sie weg sind."

"Ich auch. Sicherheit vor allem! Sag mal, hast du genug Vorräte da oben, Liebste?"

"Oh absolut, ich habe reichlich Dosenlinsen, um mich über Wasser zu halten. Und ich glaube, ich werde Grünkohl und vegane Eier zum Frühstück essen. Ich weiß immer noch nicht, wie sie die herstellen konnten, man könnte nie sagen, dass sie nicht von einer Henne stammen. Und es ist kein Cholesterin drin!"

"Aber ist es wirklich eine Überraschung, Assumpta, wenn man bedenkt, was sie mit den Impfstoffen anstellen konnten, die jetzt zum 33.sten Mal erfolgreich modifiziert wurden, um mit all den Varianten umzugehen, die Covid, der Teufel, der es ist, versucht hat, sich auszudenken..."

"Du hast so recht, Oisín. Junge, sind wir glücklich, in diesen Zeiten zu leben."

"Das sind wir, das sind wir, so sehr, sehr glücklich."

Und damit erwachte ich, ganz Lächeln, ein warmes Glühen über meinem ganzen Körper.

Ach, möge all dies geschehen und mögen wir alle so glücklich sein!

Also schließen Sie sich mir an, lieber Leser, und tun Sie, was ich getan habe, und kämpfen Sie.... kämpfen Sie für unsere Zukunft! Denn ist es nicht wahr, wie ich glaube, einmal in Toy Story gesagt wurde, dass es nicht genug Dunkelheit auf der ganzen Welt gibt, um das Licht einer kleinen Kerze auszulöschen. [1]

ANMERKUNGEN

1. Kapitel Eins: Covid-Leugner-Mythen entlarven!

1. Das denke ich auch, Oisín — Hrsg.

2. Kapitel Zwei: Die vielen Freuden & Segnungen des Lockdowns

1. 'Wirksamkeit der Hinzufügung einer Maskenempfehlung zu anderen öffentlichen Gesundheitsmaßnahmen zur Verhinderung einer SARS-CoV-2-Infektion bei dänischen Maskenträgern: Eine randomisierte kontrollierte Studie'

3. Kapitel Drei: Oisíns Leitfaden zu...

1. LINK FUNKTIONIERT NICHT.

6. Kapitel Sechs: Ärmel hoch, alle zusammen!

1. Ab der 2:30-Minuten-Marke in ihrem Covid-Update hier: www.facebook.com/jacindaardern/videos/in-case-you-missed-the-details-of-our-omicron-response-package-quick-update/3096171110588801/
2. Mit Ausnahme von Robert Malone natürlich (ein Schurke, mit dem wir uns im nächsten Kapitel befassen werden).
3. 'Immunologisches Prägen, Breite der Varianten-Erkennung und Keimzentrum-Antwort bei menschlicher SARS-CoV-2-Infektion und Impfung.'

7. Kapitel Sieben: Die Impfgegner treten auf den Plan!

1. Ich möchte zu Protokoll geben, als Probst des Termonfeckin Instituts für Expertise, dass ich im Allgemeinen von den jüngsten Entwicklungen der Universität Bristol, einer bisher grob unterschätzten Bildungseinrichtung, sehr beeindruckt war. Zum Beispiel war sie kürzlich die erste Universität weltweit, die klarstellte, dass sie keine Diskriminierung gegenüber Studenten oder Mitarbeitern dulden

wird, die sich als Katze identifizieren, d.h. diejenigen, die 'katzengeschlechtlich' sind. Zweifellos werden solche Studenten separate Katzenklos haben, wo sie endlich den Rufen der Natur nachkommen können, wie die Natur selbst es vorgesehen hat. Tatsächlich hat Bristols Beispiel mir die Absicht gegeben, darüber nachzudenken, wie auch wir, im T.I.E., entgegenkommender gegenüber jenen unserer Studenten werden können, die Teil der CDLWQ+-Gemeinschaft sind (das ist die CatDogLynxWolfQuestioning +-Gemeinschaft, falls Sie es noch nicht wussten, Sie Bigotter).

8. Kapitel Acht: Anti-Impf-Mythen entlarven!

1. 'Epidemiologie der akuten Myokarditis/Perikarditis bei Jugendlichen in Hongkong nach Comirnaty-Impfung'

9. Kapitel Neun: Scharlatan-Covid-Heilmittel

1. [16] Ähm, Oisín, es war tatsächlich eine 'verringerte' Sterblichkeit. Sollen wir das wirklich so lassen? (Hrsg.)
2. Wie im *Irish Examiner* am 19. Februar 2021 berichtet ('Vitamin D: Kann das Sonnenvitamin helfen, Covid in den Schatten zu stellen?')

10. Kapitel Zehn: Der Große Reset (oder 'Der dringend benötigte Plan, die Menschheit vor sich selbst zu retten')

1. War es nicht Tolstoi, der das sagte, Oisín? (Hrsg.)

www.ingramcontent.com/pod-product-compliance
Lightning Source LLC
Chambersburg PA
CBHW051946290426
44110CB00015B/2125
9780947874186